주말 황금연휴 일본어 혼자서 끝내기

일본어공부기술연구소 저

3 단계

LanguagePLUS

www.langpl.com

내가 나에게 하는
'깨뜨릴 수 없는' 약속

Certificate of Unbreakable Resolution

나는 내 인생의 행로에

일본어가 꼭 필요하다는 것을 믿습니다.

그래서 나는 다짐합니다.

「주말 황금연휴 일본어 혼자서 끝내기」 3단계를

수행하는데 어떤 어려움이 닥치더라도

결코 굴하지 않고 내 혼신의 힘을 다해

반드시 목표를 성취하고야 말겠습니다.

200 . . .

서약인 ______________________

'일본어 성공'으로 가는 탄탄대로가 여기 활짝 열려 있습니다.

여기 '일본어 성공'으로 가는 길을 활짝 열어 놓았습니다.
일본어 학습 성공을 위한 4단계 전략 「주말 황금연휴 일본어 혼자서 끝내기」.

'미쳐야 미친다'는 말이 있습니다. 한자로는 불광불급(不狂不及)이라 하는데
어떤 일이든 혼신의 힘을 다해야 겨우 목표에 도달할 수 있다는 뜻입니다.

일본어가 바로 그렇습니다. '일본어 하나쯤 해야지' 하는 사람은 많은데
실제로 '저는 일본어 웬만큼 됩니다' 하시는 분은 그리 흔치 않습니다.

도대체 왜 그런 것일까요?
개개인으로 보면 공부를 꾸준히 해나가지 않았다는 것이 될 수 있겠고
방법론으로 보면 그 공부방법에서의 문제점을 지적할 수도 있겠습니다.

공부에 미쳐야 합니다. 한번쯤 미쳐 보아야 합니다.
저희 「주말 황금연휴 일본어 혼자서 끝내기」가 안내하는 대로 4단계만 확실하게 미쳐 보십시오.

"아아 일본어는 이렇게 하는 거구나" 제대로 배우시게 됩니다.
"하하 나도 이제 일본어 된다" 당신도 '일본어 재미' 알게 됩니다.

「주말 황금연휴 일본어 혼자서 끝내기」로 새롭게 시작하십시오.
「주말 황금연휴 일본어 혼자서 끝내기」가 당신을 '확실한 일본어 성공'의 길로 안내하겠습니다.

수업용 교재로 공부하는 분께

이번에는 끝내고야 말겠다!! 굳게 결심해야 합니다.

일본어 학습 성공을 위한 4단계 전략 「주말 황금연휴 일본어 혼자서 끝내기」는 교육효과가 입증된 매우 획기적인 프로그램입니다.
일본어, 반드시 정복하겠다! 어금니 꽉 물고 '일본어 성공'을 시작하십시오.

예습과 복습이 당신의 '일본어성공'을 앞당겨 줍니다.

당신이 '일본어 성공'을 위해 투자할 것은 피와 땀과 눈물, 그리고 시간입니다.
그 시간을 위해 당신의 어떤 시간을 잘라 버릴지는 당신이 결정해야겠군요.

시간 나는 대로 '동영상', 장소 가리지 말고 CD 듣기.

자투리 시간을 아껴 쓰세요. 시간 날 때마다 '인터넷 강의'를 반복해 들어보세요.
교통수단 이용하실 때는 '언제나 CD'. 원어민의 발음에 익숙해지셔야 합니다.

혼자 일본어 독학하려는 분께

뭔가 공부하거나 배우려 할 때, 누가 옆에서 가르쳐 주면 그게 가장 빠릅니다.
그게 바로 수천년 인류역사가 입증하고 있는 '학교식 공부 시스템'이죠.
하지만 여러 개인적인 사정으로 현장수업을 받을 수 없는 사람도 있습니다.
이런 분은 현장수업의 혜택을 스스로의 노력으로 메꾸어 나가야 되겠죠.
저희는 당신께 「주말 황금연휴 일본어 혼자서 끝내기」의 '인터넷 강의'를 강력 추천합니다.
대한민국 최고의 일본어 강사가 당신의 '일본어 성공'을 채찍질 해줍니다.

Explanatory Notes | 일러두기

본 프로그램의 특징

「주말 황금연휴 일본어 혼자서 끝내기」는 초중급 일본어의 문법과 문형, 어휘를 개괄적으로 파악함과 동시에, 기초과정에서 배우는 일본어문법을 교재를 통해 독학으로 한번, 인터넷 강의를 통해 선생님과 함께 다시 한번 익히면서 단계적으로 일본어 능력을 향상시키는 프로그램입니다.

「주말 황금연휴 일본어 혼자서 끝내기」의 인터넷 강의는 혼자 공부하시는 분과 수업을 통해 단체로 공부하시는 분들이 쉽고 빠르게 공부할 수 있도록 만든 프로그램입니다. 일본어를 제대로 익히기 위해서는 취약한 부분을 지속적으로 점검해주는 트레이닝이 필요합니다. 본 프로그램의 인터넷 강의를 통해 배운 내용을 리뷰하고, 약점을 점검하면 자연스럽게 일본어가 훈련됩니다.

「주말 황금연휴 일본어 혼자서 끝내기」의 4단계 프로그램만 충실히 따라오시면 4개월만에 일본어가 술술 나옵니다!

인터넷 강의

앞서 말씀드린 대로 본 프로그램은 교육의 효과를 최대한 끌어올리고자 온라인과 오프라인을 아우르는 시스템을 갖추고 있습니다. 「주말 황금연휴 일본어 혼자서 끝내기」의 인터넷 강의는 총 80강의 짜임새있게 구성된 교육 과정으로, 충실한 내용 구성을 위하여 한 과를 파트1, 2로 나누어, 30분 내외의 재미있고 신나는 일본어 설명으로 꽉 채웠습니다. 선생님의 상세한 설명과 함께 네이티브들의 생생한 회화, 쉽고 명확한 문법 설명, 연습문제 풀이까지 이 인터넷 강의 하나만으로도 일본어 학습, 문제없습니다!

「주말 황금연휴 일본어 혼자서 끝내기」의 유료 동영상 강의는 www.langpl.com에서 보실 수 있습니다

시사일본어학원 일본어 전문강사

김희성 _1,2단계

"제대로 된 기초공사, 선생님과 함께해요"

한국외국어대학교 일본어과 강사

조수진 _3,4단계

"일본어로 꿈꾸는 그날까지"

RTS 시스템

본 프로그램은 기존 교재와의 차별성을 갖기 위해 오디오 CD에 RTS시스템을 도입했습니다.
RTS란

Remote
서버에서 고객PC로

Text
글자를 보내

Service
소리에 글자를 입힌다.

라는 뜻입니다. 쉽게 말해 여러분 PC의 CD드라이브에 탑재된 오디오 CD 소리에 맞추어 서버에서 글자를 내려보내 캡션응용기능을 구현하는 것입니다.
RTS는 외국어 학습에 유용한 다양한 캡션응용기능을 실시간으로 구현함으로써, 단순 소리전달 매체인 오디오 CD를 효과적인 어학학습도구로 탈바꿈시켜 강력한 Listening Trainer로 활용하도록 해주는 첨단서비스입니다.

- RTS 샘플예 -

RTS 작동방법

1) RTS홈페이지(www.rtscd.com)에서 회원으로 가입합니다.
2) 「주말 황금연휴 일본어 혼자서 끝내기」의 오디오 CD를 PC에 삽입합니다.
3) PC에서 오디오 CD를 구동하기 위해 미디어플레이어가 실행되면 이 미디어플레이어를 종료합니다.
4) RTS홈페이지(www.rtscd.com)에서 「주말 황금연휴 일본어 혼자서 끝내기」를 검색합니다.
5) 검색된 「주말 황금연휴 일본어 혼자서 끝내기」의 RTS Play버튼을 클릭하면 RTS Player가 실행됩니다.

전체 구성

1권

자기소개, 지시대명사의 활용 및 イ형용사 · ナ형용사의 특징, 조수사, 사물의 존재 표현, 가족 호칭, 동사의 과거형과 동사 활용 등을 배웁니다.

2권

イ형용사 · ナ형용사의 과거, 희망 표현(～がほしい, ～たい), 동사의 て형, 허가 · 금지 표현(～てもいいです, ～てはいけません) 보통체 등을 배웁니다.

3권

전문(伝聞) · 양태(様態)의 そうだ, 권유 표현(～たほうがいい) 가정 조건(～ば, ～と, ～たら, ～なら), 가능 표현(～ことができる) 등을 배웁니다.

4권

시점을 나타내는 표현(～ところ), 동사의 의지형(～(よ)う), 수수동사(もらう, あげる, くださる, いただく 등), 동사의 수동형(～れる／られる), 동사의 사역형(～せる／させる), 존경표현(いらっしゃる 등), 겸양표현(おる 등) 등을 배웁니다.

본 교재의 구성

학습목표

그 과에서 배울 기본 문법과 문형을 간략히 소개했습니다.

Warming up

본문에 사용된 신출 한자와 가타카나를 소개했습니다.

회화 술술 말하기

본문은 각 과의 학습 사항을 도입했습니다.
1과~10과까지는 모든 한자에, 2권 1과 이후에는 신출 · 기출을 불문하고 그 과에서 처음 나오는 한자에 읽기(루비)를 달았습니다.

단어 쏙쏙 익히기

단어 풀이는 본문의 신출 단어를 실었습니다. 「일본어능력시험 3 · 4급」 출제기준 단어에는 *를 붙였으며, 다음과 같은 약어를 사용하였습니다.

〔イ형〕 イ형용사(형용사)
〔ナ형〕 ナ형용사(형용동사)
〔인〕 인명
〔지〕 지명
〔동1〕 1그룹 동사(5단동사)
〔동2〕 2그룹 동사(상1단동사 · 하1단동사)
〔동3〕 3그룹 동사(변격 동사)

문법 꽉꽉 다지기

문법 설명과 예문을 통해 그 과의 학습 사항을 확인, 연습할 수 있습니다. 본문과 마찬가지로 1과~10과까지는 모든 한자에, 2권 1과 이후에는 신출 · 기출을 불문하고 그 과의 문법 꽉꽉 다지기에서 처음 나오는 한자에 읽기를 달았습니다.

실력 팍팍 키우기

연습 문제를 통해 핵심 표현을 익힙니다. 그 과의 내용을 이해했다면 어렵지 않게 풀 수 있는 문제로 구성되어 있습니다. 또한 CD를 듣고 받아쓰는 문제를 통해 듣기 훈련을 할 수 있습니다.

문법 플러스

그 과에서 형용사가 나왔으면 서로 반대되는 형용사, 가족 관계가 나왔으면 가족 호칭 등, 주로 초급에서 다뤄야 할 관련 어휘를 소개했습니다.

일본 확 다가가기

すみません, どうぞ, どうも, 인체관용구, 속담관용구 등의 학습 사항을 통해 실력 향상을 꾀하는 한편 전반적으로 일본과 관련있는 사항을 다루어 일본과 일본어에 대한 관심을 높일 수 있도록 하였습니다.

J/a/p/a/n Information

가깝고도 먼 나라인 일본을 바로 알기 위해 일본의 정보를 상세하고 재미있게 설명해 놓았습니다.

Contents | 차례

01

ファウルを 誘導しろ！

파울을 유도해라!

주요 문법내용

- 동사의 명령형
- 의성어와 의태어
- ～な／～ぞ〈종조사〉

Warming up

応援席(おうえんせき)　放送席(ほうそうせき)　埋(う)まる　側(がわ)　外(はず)す　始(はじ)まる　見(み)つめる　投(な)げる

止(と)まる　作戦(さくせん)　監督(かんとく)　向(む)こう　多(おお)い　誘導(ゆうどう)　絶対(ぜったい)に　守(まも)る　～達(たち)

ファウル(foul)　フリースロー(free throw)　ブーブー

ブーイング(booing)　ワン(王)　ボール(ball)　タイム(time)　ファイト(fight)

회화 술술 말하기 1 1

応援席(おうえんせき)：がんばれ！　日本(にっぽん)！　がんばれ！

放送席(ほうそうせき)：…ぎっしり　埋(う)まって　いる　日本側(にほんがわ)の　応援席。

あっ、今(いま)、日本選手(せんしゅ)の　ファウル！

中国(ちゅうごく)の　フリースローです。

応援席：外(はず)せ！　外せ！　ブーブー、ブーブー。

放送席：応援席から　すごい　ブーイングが　始(はじ)まりました。

…フリースローを　する　中国の　ワン選手、

じっと　ボールを　見(み)つめて　います。

ワン選手、投(な)げました。

ぴたりと、ブーイングが　止(と)まりました。

入(はい)りました！

…日本の　作戦(さくせん)タイムです。

応援席(おうえんせき)　응원석
がんばれ　힘내라, 잘 싸워라 ◀がんばる의 명령형
放送席(ほうそうせき)　방송석
ぎっしり　가득 ◀의태어. 사람이나 책 등이 꽉 차 있는 상태를 나타낸다.
埋まる(うまる)　[동1] 메워지다, 가득차다, 파묻히다
* **~側**(がわ)　~쪽, ~측
あっ　앗! ◀놀라거나 감탄할 때
ファウル(foul)　파울, 반칙
中国(ちゅうごく)　중국
フリースロー(free throw)　프리 스로, 자유투
外す(はずす)　[동1] 떼다, 빗나가게 하다
外せ　빗나가라, 놓쳐라 ◀外す의 명령형
ブーブー　우-, 부- ◀의성어. 스포츠 경기 등에서 관중들이 야

응원석 : 힘내라! 일본! 힘내라!

방송석 : ……꽉 들어차 있는 일본측 응원석.

앗, 지금 일본 선수의 파울! 중국의 자유투입니다.

응원석 : 빛나가라! 빗나가라! 우－우－

방송석 : 응원석에서 굉장한 야유 소리가 시작되었습니다.

……자유투를 던질 중국의 왕 선수, 가만히 볼을 보고 있습니다.

왕 선수, 던졌습니다.

야유 소리가 뚝 그쳤습니다. 들어갔습니다!

……일본의 작전 타임입니다.

단어 쏙쏙 익히기 2

유하는 소리

* **すごい** [イ형] 대단하다, 엄청나다

ブーイング(booing) 부잉, 관중들이 소리지르며 야유하는 것, 그 소리

* **始まる**(はじまる) [동1] 시작되다

ワン(王) [인] 왕 ◀중국인의 성

じっと 가만히, 물끄러미 ◀의태어

ボール(ball) 볼, 공

見つめる(みつめる) [동2] (뚫어지게) 바라보다, 쳐다보다

* **投げる**(なげる) [동2] 던지다

ぴたりと 뚝 ◀의태어. 통증이나 소음 등이 갑자기 멎은 모양을 나타낸다.

* **止まる**(とまる) [동1] 멎다, 그치다

作戦(さくせん) 작전

タイム(time) 타임, 시간

회화 술술 말하기 2 (CD 3)

監督　：向こうは　ファウルが　多い。

もっと　ファウルを　誘導しろ！

こちちから　絶対に　ファウルを　するな！

しっかり　守れ！

じゃ、後　5分だ！　がんばれ！

みんな、わかったか？　行って　こい！

選手達　：絶対　勝つぞ！　ファイト！

監督(かんとく)　감독
* 向こう(むこう)　상대방, 건너편, 저쪽
* 多い(おおい)　[イ형] 많다
* もっと　더, 더욱

誘導(ゆうどう)　유도

しろ　해라 ◀する의 명령형

こちら　이쪽

絶対に(ぜったいに)　절대로

～な　~마라 ◀금지를 나타내는 종조사

するな　하지 마라
* しっかり　꽉, 확실히, 똑똑히 ◀의태어

守る(まもる)　[동1] 지키다, 막다

감　독 : 상대편은 파울이 많다.
파울을 더 유도해라.
이쪽에서 절대로 파울을 하지 마라.
확실하게 막아라.
자, 앞으로 5분이다! 힘내라!
다들 알았지? 갔다 와!

선수들: 반드시 이길 테다. 파이팅!

단어 쏙쏙 익히기 4

守れ 막아라, 지켜라 ◀守る의 명령형

行って くる 다녀오다, 갔다 오다

行って こい 나갔다 와라, 다녀 와라 ◀行ってくる의 명령형

* **~達(たち)** ~들 ◀복수를 나타낸다.

~ぞ ◀다짐하거나 강조하는 기분을 나타내는 남성 어미

勝つぞ 이길 테다, 이긴다, 이겨야 한다

ファイト(fight) 파이팅 ◀선수들이 다짐하거나 응원할 때 우리말은 '파이팅'이라고 하지만, 일본어는 ファイト라고 한다.

01 [동] 명령형

- 동사의 명령형은 남성끼리 친한 동료이거나 친하게 지내는 손아랫사람에 한해서만 쓸 수 있다. 여성은 쓰지 않으며 친하지 않은 남성끼리도 사용하지 않는다. 따라서 현대 일본어에서는 주로 포스터나 표어, 교통표지판, 응원 등에서 사용된다.

[1그룹 동사] 기본형 끝의 「う段」음을 「え段」음으로 바꿈	いく (가다) ➡ いけ (가라) (かきくけこ) のむ (마시다) ➡ のめ (마셔라) (まみむめも) はしる (달리다) ➡ はしれ (달려) (らりるれろ)
[2그룹 동사] 기본형 끝의 「る」 대신 「ろ」를 붙임	おきる (일어나다) ➡ おきろ (일어나라) たべる (먹다) ➡ たべろ (먹어라)
[3그룹 동사] 외운다	くる (오다) ➡ こい (와라) する (하다) ➡ しろ／せよ (해라)

がんばれ、日本(にっぽん)！ 힘내라, 일본!

もっと　ファウルを　誘導(ゆうどう)しろ。 파울을 더 유도해라.

起(お)きろ、起きろ、朝(あさ)だ。 일어나, 일어나, 아침이다.

行(い)って　こい。 갔다 와라.

02 의성어(擬声語)와 의태어(擬態語)

- 개가 '멍멍', 전화가 '따르릉' 처럼 소리를 표현하는 말을 의성어라고 한다.
- '꽉' 차 있다, '가만히' 쳐다보다, 소리가 '뚝' 그치다 등, 어떤 모양이나 상태를 표현하는 말을 의태어라고 한다.
- 의성어와 의태어를 강조하고 싶을 때는 カタカナ로 쓰기도 한다.

ブーブー、すごい　ブーイングが　始(はじ)まりました。
우-우-, 굉장한 야유가 시작되었습니다.

犬(いぬ)は　**ワンワン、**猫(ねこ)は　**ニャアニャア、**牛(うし)は　**モーモー。**
강아지는 멍멍, 고양이는 야옹야옹, 소는 음메음메.

応援席(おうえんせき)が　**ぎっしり**　埋(う)まって　います。
응원석이 꽉 차 있습니다.

ぴたりと、ブーイングが　止(と)まりました。
야유 소리가 뚝하고 그쳤습니다.

じっと　ボールを　見(み)つめて　います。
가만히 공을 쳐다보고 있습니다.

03 〔동〕～な。 ~하지 마라. ~하지 말 것. ▶ 금지

- 동사 기본형에 종조사「な」가 붙으면 강한 금지를 나타내는 말이 된다.
- 원칙적으로 남성어이지만, 남성도 손윗사람에게는 쓰지 않는다.

絶対(ぜったい)に　ファウルは　する**な。** 절대로 파울은 하지 마라.

日本には　絶対　負(ま)ける**な。** 일본에게는 절대로 지지 마라.

お酒(さけ)を　飲(の)んで、運転(うんてん)する**な。** 술을 마시고 운전하지 마라.

04 ～ぞ。 ～다. ～한다. ▶ 강조 · 다짐

- 용언(동사, イ형용사, ナ형용사)이나 조동사의 보통체에 종조사 「ぞ」가 붙으면 말하고자 하는 의미를 강조하거나 다짐을 나타내는 말이 된다.
- 「～ぞ」는 원칙적으로 남성어이다. 같은 뜻을 가진 「～ぜ」는 천박한 느낌을 주므로 쓰지 않는 게 좋다.

絶対　勝つ**ぞ**。 반드시 이길테다.

さあ、　がんばる**ぞ**。 자, 힘을 내야지.

韓国(かんこく)には　負けない**ぞ**。 한국한테는 지지 않을 테다.

ラクラク는 '편하게 편하게' ひろびろ는 '넓게 넓게' 라는 뜻의 의태어랍니다

띠를 나타내는 동물

ねずみ 鼠 쥐	うし 牛 소	とら 虎 호랑이	うさぎ 兎 토끼	りゅう/たつ 龍 용	へび 蛇 뱀
うま 馬 말	ひつじ 羊 양	さる 猿 원숭이	にわとり とり 鶏(鳥) 닭	いぬ 犬 개	いのしし 猪 멧돼지

- 何年(なにどし)ですか。 (무슨 띠입니까?) – 丑年(うしどし)です。 (소띠입니다)
- 우리말에도 12지(支)가 있는데, 12지를 한자로 표기하면 다음과 같다.
  띠를 나타내는 동물과 12지는 한자와 읽기가 다르다.

子(ね) – 丑(うし) – 寅(とら) – 卯(う) – 辰(たつ) – 巳(み) – 午(うま) – 未(ひつじ) – 申(さる) – 酉(とり) – 戌(いぬ) – 亥(い)

실력 팍팍 키우기

01 다음 동사의 「た형」과 「명령형」을 말해 보자.

(1) 決める ➡ (2) する ➡

(3) 会う ➡ (4) 話す ➡

(5) 飲む ➡ (6) 見る ➡

(7) 来る ➡ (8) まつ ➡

(9) がんばる ➡ (10) 行く ➡

02 [ ]안의 말을 명령형으로 고쳐 문장을 완성해 보자.

(1) 

応援席では ____________と　大声で　応援を　して　います。[がんばる]

(2) 

監督は　選手達に　しっかり ____________と　言って　います。[する]

(3) 

先生は　早く ____________と　言いました。[来る]

(4) 

「ここで ____________」と ____________。[止まる，書く]

03 CD의 내용을 받아 쓰고 대답해 보자. 5

(1) ____。

Q : ____。

A : ____。

(2) ____。

Q : ____。

A : ____。

(3) ____。

Q : ____。

A : ____。

「渋谷(しぶや)」와「ハチ公(こう)」

「渋谷」는 일본 동경의 대표적인 번화가입니다. 대형 백화점과 「109ビル」를 비롯한 대형 상점이 많고, 패션의 중심지이며 문화의 중심지이기 때문에 젊은이들은 물론이고 다양한 연령층의 사람들과 외국인들로 늘 활기찹니다. 「山手線(やまのてせん)」을 비롯한 7개 노선이 집중되어 있는 시부야 역의 「ハチ公」 출구로 나오면 「ハチ公」동상이 있는데요, 이 동상의 주인공은 영화 「ハチ公物語(ものがたり)」로도 제작됐을 정도로 유명한 충견입니다. 이 충견은 항상 귀여워 해주는 주인을 마중하러 나갔던 시부야 역에서 그 주인이 죽은 뒤에도 7년동안이나 매일 같이 마중나왔다고 하는데요, 이 이야기를 듣고 감동을 받은 한 사람이 신문에 기고해서 「ハチ公」의 이야기가 널리 알려지게 됐고, 이 이야기에 감동 받은 사람들의 모금으로 동상이 만들어졌습니다. 이 동상의 앞은 「渋谷」의 만남의 장소로 유명하기 때문에 항상 누군가를 기다리는 사람들로 북적거린답니다.

02

残業したり、遅くなったり。

잔업을 하거나 늦어지거나.

주요 문법내용

- 〔동〕たり 〔동〕たり
- 〔동〕ます형 + 方
- 〔동〕+ の

Warming up

太る(ふと)　落ちる(お)　この頃(ごろ)　作り方(つく・かた)　習う(なら)　解消(かいしょう)　体重(たいじゅう)

心配ごと(しんぱい)　毎日(まいにち)　接待(せったい)　遅い(おそ)　脱サラ(だつ)　考える(かんが)

ケーキ(cake)　ダイエット(diet)　ストレス(stress)

チョン(정)　キロ(kilo)　サラリーマン(salaryman)

회화 술술 말하기 1 6

A：パクさん、前より　少し　太りましたか。

B：ええ。この頃　よく　ケーキ　食べたり、お菓子　食べたりして　いるんですよ。

A：それじゃ、ダイエットは　やめたんですか。

B：いいえ。趣味で　ケーキの　作り方を　習って　いるんです。

A：ダイエット中に　どうして　それを　習うんですか。

B：ストレス解消ですよ……。

* **前より**(まえより)　전보다
* **太る**(ふとる)　[동1] 살찌다, 뚱뚱해지다
  太りましたか　살쪘습니까? 살쪘지요?
* **~頃**(ごろ)　~경, ~무렵
* **この頃**(このごろ)　요즈음, 최근
* **よく**　자주 ◀よく에는 정도를 표현하는 '잘, 훌륭히, 충분히' 라는 뜻과 빈도를 표현하는 '자주, 종종' 이라는 뜻이 있다.
* **ケーキ**(cake)　케이크
  ~たり　~たり　~하기도 하고 ~하기도 하고
  ~よ　◀상대방에게 가볍게 다짐하거나, 감탄을 나타낼 경우, 정보를 주는 경우에 사용한다. 우리말의 '요'라는 어미와 다르고, 남용하면 건방지거나 강압적인 일본어가 되므로 주의한다.
* **それじゃ**　그러면, 그렇다면

A : 박(아무개)씨, 전보다 좀 살이 쪘나요?

B : 네, 요즘 자주 케이크(를) 먹거나 과자(를) 먹거나 하거든요.

A : 그러면 다이어트는 그만뒀어요?

B : 아뇨, 취미로 케이크 만드는 법을 배우고 있어서요.

A : 다이어트 중에 왜 그것을 배워요?

B : 스트레스 해소예요…….

단어 쏙쏙 익히기 7

ダイエット(diet) 다이어트
* やめる(止める) [동2] 그만두다, 중지하다
趣味で(しゅみで) 취미로
作り方(つくりかた) 만드는 방법 ◀作るの ます형 作り+方
* 習う(ならう) [동1] 배우다
ストレス(stress) 스트레스
解消(かいしょう) 해소

회화 술술 말하기 ② 8

A：チョンさん、また　やせましたね。

B：ええ。2キロぐらい　体重(たいじゅう)が　落(お)ちました。

A：何(なに)か　心配(しんぱい)ごとでも　あるんですか。

B：いいえ。毎日(まいにち)　残業(ざんぎょう)したり、接待(せったい)で　遅(おそ)く　なったり
して　いる　だけですよ。

A：サラリーマンを　やるのも　大変(たいへん)ですね。
じゃ、チョンさんも　脱(だつ)サラを　考(かんが)えて　いるんですか。

B：ええ。40歳(よんじゅっさい)までには　自分(じぶん)の　店(みせ)を　はじめたいと
考(かんが)えて　います。

- チョン　[인] 정 ◀ 한국인의 성
- やせる　[동2] 마르다, 살이 빠지다
- ～キロ(kilo)　~킬로 ◀ キロメートル, キログラム의 준말
  体重(たいじゅう)　체중
- 落ちる(おちる)　[동2] (체중이) 빠지다, 떨어지다
- 心配(しんぱい)　걱정
  心配ごと　걱정거리
- 毎日(まいにち)　매일
  接待(せったい)　접대
  接待で　접대로 ◀ で는 원인 · 이유

A : 정(아무개)씨, 또 살이 빠졌군요.

B : 네, 2킬로 정도 체중이 줄었어요.

A : 뭐 걱정거리라도 있나요?

B : 아뇨, 매일 잔업을 하거나 접대로 늦어지거나 할 따름이에요.

A : 샐러리맨을 하는 것도 힘들군요.
그럼, 정(아무개)씨도 탈샐러리맨(개인사업)을 생각하고 있나요?

B : 네, 40살까지는 제 가게를 시작하고 싶다고 생각하고 있어요.

단어 쏙쏙 익히기 9

* **遅い**(おそい) [イ형] 느리다, 늦다
サラリーマン(salaryman) 샐러리맨
脱サラ(だつサラ) 탈샐러리맨, 월급쟁이를 그만두고 자영업을 시작함.
* **考える**(かんがえる) [동2] 생각하다, 고려하다
～までには ～까지는
* **はじめる**(始める) [동2] 시작하다

문법 꽉꽉 다지기

01 太って　います。 / やせて　います。

뚱뚱합니다. ▶ 현재의 상태
말랐습니다.

- 「太る」나 「やせる」 등의 동사는 현재의 '살찐 상태, 야윈 상태'를 표현하고자 할 때 반드시 「~ている」의 형태로 사용해야 한다.

예 太って　います (뚱뚱합니다) ▶ 현재의 상태

太りました ((전보다) 살쪘습니다) ▶ 변화의 결과

太ります ((앞으로) 살찝니다) ▶ 일반적인 사실

パクさんは　**太って　います**が、チョンさんは　**やせて　います**。

(×) パクさんは　太りますが、チョンさんは　やせました。

(박(아무개)씨는 뚱뚱하지만, 정(아무개)씨는 말랐습니다.)

02 〔동〕たり(だり)、〔동〕たり(だり)

~하기도 하고 ~하기도 하고 ▶ 동시 진행

- 「~たり、~たり します」는 '~하기도 하고, ~하기도 합니다' 라는 뜻으로, 어떤 일을 순서와는 상관없이 열거할 경우에 사용한다.
- 「~たり」가 동사와 연결될 때는 동사의 て형이나 た형과 같은 방법으로 접속된다.
- 「行ったり 来たり」(갔다 왔다), 「飲んだり 食べたり」(마시고 먹고)는 우리말과 순서가 반대이다.

ステーキを　食べ**たり**、ワインを　飲ん**だり**　して　います。
스테이크를 먹기도 하고 와인을 마시기도 합니다.

毎日　残業し**たり**、接待で　遅く　なっ**たり**　します。
매일 잔업하거나 접대로 늦어지거나 합니다.

行っ**たり**　来**たり**　しないで　ください。
왔다 갔다 하지 마세요.

飲(の)んだり　食べたり、楽(たの)しい　パーティーでした。
먹기도 하고 마시기도 하고, 즐거운 파티였어요.

03 〔동〕ます형 ＋ 方　~하는 법

- 동사의 ます형에 「方(かた)」를 붙이면 '~하는 법, ~하기' 라는 의미가 된다.

ケーキの　**作(つく)り方(かた)** 케이크 만드는 법

西洋料理(せいようりょうり)の　**食(た)べ方(かた)** 서양 요리 먹는 법

書類(しょるい)の　**書(か)き方(かた)** 서류 쓰는 법

勉強(べんきょう)の　**仕方(しかた)**が　よく　ない。 공부하는 방법이 좋지 않다.

04 〔동〕＋ の　~(하는) 것

- 「~の」는 '~의' 라는 소유의 의미도 있지만 동사 뒤에 쓰이면 형식명사로써 '~(하는)것' 이라는 의미를 가진다.

サラリーマンを　やる**の**も　大変(たいへん)です。
샐러리맨을 하는 것도 힘듭니다.

夜(よる)　遅(おそ)く　寝(ね)る**の**は　体(からだ)に　よく　ありません。
밤에 늦게 자는 것은 몸에 좋지 않습니다.

ダイエットに　成功(せいこう)する**の**は　大変　難(むずか)しいです。
다이어트에 성공하기는 매우 힘듭니다.

残業で　遅く　なる**の**は　いやです。
잔업으로 늦어지는 것은 싫습니다.

05 ～まで／～までに ～까지

- 「～まで」와 「～までに」는 '～까지' 라는 뜻으로, 우리말로는 큰 차이가 없다. 하지만 「～まで」는 정해진 시간 동안 그 행위가 계속됨을 나타내고(▶ 시간의 한계), 「～までに」는 정해진 시간내에 언제라도 그 행위를 완료할 수 있음을 나타낸다 (▶ 최종 기한).

  예 (○) お昼は　1時までに　食べて　ください。
  (×) お昼は　1時まで　食べて　ください。

- '점심은 1시까지 먹어 주세요' 라는 뜻의 윗문장은 1시 이후에는 점심을 먹어서는 안 된다는 의미를 포함한다. 아랫문장은 1시가 되기까지 '먹는다' 는 동작을 계속 해야만 하고, 1시 전까지는 '먹는다' 는 행위를 쉬거나 그만두어서는 안 된다는 의미이므로 잘못된 문장이다.

- 예 30歳までには　結婚したい。(30살까지는 결혼하고 싶다)
  이 문장은 26세이든 29세이든 상관없지만, 결혼은 30세를 넘기 전에 하고 싶다는 의미이다.

  40歳(よんじゅっさい)**までには**　自分(じぶん)の　店(みせ)を　はじめたいと　考(かんが)えて　います。
  40살까지는 제 가게를 시작하고 싶다고 생각하고 있어요.

실력 팍팍 키우기

01 보기와 같이 말해 보자.

보기 ▸▸ 家で　本を　読みます。テレビを　見ます。
➡ 家で　本を　読んだり、テレビを　見たり　します。

(1) 

日曜日は　洗濯を　します。掃除を　します。

➡ ______________________________。

(2) 

友達に　会います。買い物に　行きます。

➡ ______________________________。

(3) 

パーティーで　ケーキを　食べました。お酒を　飲みました。

➡ ______________________________。

(4) 

電車に　乗ります。タクシーに　乗ります。

➡ ______________________________。

02 다음을 일본어로 옮겨 보자.

(1) 

사토 씨, 살이 빠졌군요.

➡ ______________________________。

(2) 

일본어 공부하는 법을 잘 모르겠어요.

➡ ______________________________。

(3)  5시 안에 이 일을 해 주세요.

➡ ____。

(4)  다이어트에 성공하는 것은 대단히 어렵습니다.

➡ ____。

03 CD의 내용을 받아 쓰고 대답해 보자. 10

(1) [ケーキの　作り方]

Q : ____。

A : ____。

(2) [趣味]

Q : ____。

A : ____。

(3) [自分の　店]

Q : ____。

A : ____。

(4) [ええ]

Q : ____。

A : ____。

약국에서 과자를 판다고요!?

한국에서 약국이라고 하면 단지 약을 파는 곳이지만, 일본의 약국은 전혀 다르답니다. 「マツモトキヨシ」를 비롯한 일본의 대형약국은 시내에서도 쉽게 눈에 띄는데요, 「ドラッグストア」라고 불리어지며, 약과 드링크제는 물론이고 화장품과 향수, 샴푸나 세제 등의 생활 용품, 과자, 인스턴트 식품, 애완동물 사료까지, 마치 편의점과 같이 다양한 물건들을 팔고 있습니다. 특히 값이 싸고 다양한 색깔의 화장품이나 각종 미용관련 상품이 많이 있어서 젊은 여성들에게 인기가 많고 외국인 관광객들도 많이 쇼핑하러 온답니다. 최근에는 잡지나 도시락을 취급하는 등 점점 물건의 종류가 다양해 지고 있고, 24시간 영업을 하는 곳도 있으며 물건 값도 편의점이나 슈퍼보다 싸고 세일도 많이 하기 때문에 많은 사람들이 애용하고 있습니다.

'웃기도 하고, 울기도 하고,
사진을 찍기도 하고'
여러 행동들을 열거할 때 쓰는
'たり' 꼭! 기억하세요.

03

風邪を 引いて います。

감기에 걸렸습니다.

주요 문법내용

- ～し、 ～し
- ～ので
- ～が できる

Warming up

山口(やまぐち)　元気(げんき)だ　風邪(かぜ)　引(ひ)く　頭(あたま)　熱(ねつ)　体(からだ)　気(き)を付(つ)ける

国々(くにぐに)　景色(けしき)　食(た)べ物(もの)　登(のぼ)る　川(かわ)　遊覧船(ゆうらんせん)　病院(びょういん)　下手(へた)だ　治(なお)る

ヨーロッパ(Europe)　アルプス(Alps)　セーヌ(Seine)

スペイン(Spain)　キム・ミンス(김민수)

山口(やまぐち)さんへ。

お元気(げんき)ですか。

ソウルは　もう　だいぶ　寒(さむ)く　なりました。

私(わたし)は　今(いま)　風邪(かぜ)を　引(ひ)いて　います。

頭(あたま)も　少(すこ)し　痛(いた)いし、熱(ねつ)も　あるし、体(からだ)が　だるいんです。

山口さんも　体には　気(き)を　付(つ)けて　ください。

さて、今日(きょう)は　ヨーロッパ旅行(りょこう)の　話(はなし)を　します。

ヨーロッパの　国々(くにぐに)は　景色(けしき)も　きれいだし、食(た)べ物(もの)も

おいしくて　とても　よかったです。

山口(やまぐち) [인] 야마구치 ◀ 일본인의 성
～へ ～에게
* 元気だ(げんきだ) [ナ형] 건강하다
お元気ですか 건강하십니까? 안녕하십니까?
* だいぶ 꽤, 상당히
* 風邪(かぜ) 감기
風邪を　引く 감기에 걸리다
* 頭(あたま) 머리
頭が　痛い 머리가 아프다
～し、～し ～하고 ～하고
* 熱(ねつ) 열
熱が　ある 열이 있다

야마구치 씨께

안녕하십니까?

서울은 벌써 꽤 추워졌습니다.

전 지금 감기에 걸렸습니다.

머리도 좀 아프고, 열도 있고, 몸이 노곤해요.

야마구치 씨도 건강에는 조심하십시오.

그건 그렇고, 오늘은 유럽 여행 이야기를 하겠습니다.

유럽의 나라들은 경치도 아름답고, 음식도 맛있어서 매우 좋았습니다.

단어 쏙쏙 익히기 12

* **体**(からだ) 몸
だるい [イ형] 노곤하다, 나른하다
* **気**(き) 정신, 기운, 마음씨, 기분
付ける(つける) [동2] 붙이다, 조심하다
気を　付ける 주의하다, 정신차리다
体には　気を　つけて　ください 몸조심하십시오, 건강에는 조심하십시오
さて 그건 그렇고 ◀ 화제를 바꿀 때
ヨーロッパ(Europe) 유럽
国々(くにぐに) 나라들
* **景色**(けしき) 경치
* **食べ物**(たべもの) 음식물, 먹거리

アルプスにも　登(のぼ)ったし、有名(ゆうめい)な　セーヌ川(がわ)の　遊覧船(ゆうらんせん)にも　乗(の)って　みました。

お腹(なか)を　こわして、スペインの　病院(びょういん)へ　行(い)った　ことも　ありました。スペイン語(ご)が　できないので、下手(へた)な　英語(えいご)で　がんばりました。

今日は　これぐらいに　します。

旅行の　話は　風邪が　治(なお)ってから　また　書(か)きます。

それでは、また。

11月　7日
キム・ミンスより

アルプス(Alps)　알프스
* 登る(のぼる)　[동1] 오르다
セーヌ(Seine)　세느 강 ◀프랑스 파리에 있는 강 이름
* 川(かわ)　강
遊覧船(ゆうらんせん)　유람선
乗って　みました　타 보았습니다
* こわす　[동1] 고장내다, 깨뜨리다
お腹を　こわす　배탈이 나다
スペイン(Spain)　스페인
* 病院(びょういん)　병원

알프스에도 올라갔고, 유명한 세느강의 유람선도 타 보았습니다.

배탈이 나서 스페인의 병원에 간 적도 있었습니다.

스페인어를 할 줄 몰라서, 서툰 영어로 분투했습니다.

오늘은 이 정도로 하겠습니다.

여행 이야기는 감기가 낫고 나서 또 쓰겠습니다.

그럼 이만.

11월 7일

김민수로부터

단어 쏙쏙 익히기 12

スペイン語(スペインご) 스페인어

* **できる** 할 수 있다

～が できる ～을/를 할 수 있다

～ので ～때문에 ◀ 원인·이유

できないので 못 해서, 할 수 없어서

* **下手だ**(へただ) [ナ형] 서투르다, 못 하다

* **治る**(なおる) [동1] (병이) 낫다

それでは また 그럼 또(만납시다) ◀ 헤어지거나 전화·편지의 말미에 쓰는 말

～より ～로부터

문법 꽉꽉 다지기

01 ～し、 ～し

~하고, ~하고 ▶ 열거

- 「～し」는 '~하고, ~하고' 라는 뜻으로, 두 가지 이상의 문장을 나열할 경우에 사용한다. 보통체와 정중체 모두 접속된다.

頭(あたま)も　痛(いた)いし、熱(ねつ)も　あるし、体(からだ)が　だるいんです。
머리도 아프고, 열도 있고, 몸이 노곤해요.

景色(けしき)も　きれいだし、食(た)べ物(もの)も　おいしかったです。
경치도 아름답고, 음식도 맛있었어요.

アルプスにも　登(のぼ)ったし、セーヌ川(がわ)の　遊覧船(ゆうらんせん)にも　乗(の)って　みました。
알프스에도 올라갔고, 세느 강의 유람선도 타 보았습니다.

02

〔명〕が　できますか。	~을/를 할 수 있습니까?
— はい、〔명〕が　できます。	네, ~을/를 할 수 있습니다.
— いいえ、〔명〕は　できません。	아뇨, ~은/는 못 합니다.

- '~을/를 할 수 있다' 라는 표현은 「～を できる」라고 하지 않고, 「～が できる」 라고 해야 한다. 부정형은 「～は できません」이다.
- 「よく できました」는 '잘 했습니다' 라는 뜻으로, 칭찬할 때 쓴다.

スペイン語(ご)が　**できますか。** 스페인어를 할 수 있습니까?

— はい、スペイン語が　**できます。** 네, 스페인어를 할 수 있습니다.

— いいえ、スペイン語は　**できません。** 아뇨, 스페인어는 할 수 없습니다.

キムさんは　コンピュータが　**できます。** 김(아무개)씨는 컴퓨터를 할 수 있습니다.

よく　**できました。** 잘 했습니다.

03 ～ので

～기 때문에 ▶ 이유 · 원인

- 「～ので」는 명사와 ナ형용사의 현재형에서는 「어간+な+ので」가 된다. 현재나 과거 모두 정중체에 접속해도 된다.

	명사	イ형용사	ナ형용사	동사
현재	～な＋ので	보통체＋ので 정중체	～な＋ので 정중체	보통체＋ので 정중체
과거	보통체＋ので 정중체	보통체＋ので 정중체	보통체＋ので 정중체	보통체＋ので 정중체

おいしい**ので**　たくさん　食(た)べました。
맛있어서 많이 먹었어요.

スペイン語が　できない**ので**、下手(へた)な　英語(えいご)で　がんばりました。
스페인어를 할 수 없어서, 서툰 영어로 분투했습니다.

今日(きょう)は　風邪(かぜ)**なので**、会社(かいしゃ)を　休(やす)みます。
오늘은 감기 때문에 회사를 쉬겠습니다.

この　店(みせ)は　親切(しんせつ)**なので**、お客(きゃく)さんが　多(おお)いです。
이 가게는 친절하기 때문에 손님이 많아요.

04 〔동〕てから

～(하)고 나서

- 「～てから」는 '～(하)고 나서' 라는 뜻으로, 어떤 동작이 완료된 후 다음 동작이 연속해서 이어지는 경우에 사용한다. 순서를 나타내는 「～て」와 같은 의미로, 「～てから」가 「～て」보다 전후 관계가 더욱 확실하다. 그러므로 다음 예문과 같이 전후의 순서가 확실한 경우에는 「～てから」를 사용할 필요가 없다.

예 (×) 車に　乗って<u>から</u>　行きました。
(○) 車に　乗っ<u>て</u>　行きました。
차를 타고 갔습니다

문법 꽉꽉 다지기

風邪が　治(なお)って**から**　また　手紙(てがみ)を　書(か)きます。

감기가 낫고 나서 다시 편지를 쓰겠습니다.

ご飯(はん)を　食べて**から**、薬(くすり)を　飲(の)んで　ください。

밥을 먹고 나서, 약을 드세요.

- 우리말로는 '약을 먹는다' 라고 하지만, 일본어로는「薬を 飲む」(약을 마신다)라고 하므로 주의한다.

'できる' 는 '할 수 있다, 가능하다' 라는 뜻이죠?
'～までできる' 라고 하면 '～까지 할 수 있다' 라는 뜻이 됩니다.

인체

병의 증상

- 熱が　ある
  열이 있다
- (せき／くしゃみ) が　出る
  (기침/재채기)가 나다
- 寒気が　する
  오한이 나다
- 食欲が　ない 식욕이 없다
- (頭／のど／お腹／歯) が　痛い
  (머리/목/배/이)가 아프다
- (はなみず／汗) が　出る
  (콧물/땀)이 나다
- (気分／顔色) が　わるい
  (기분/안색)이 나쁘다

실력 팍팍 키우기

01 보기와 같이 말해 보자.

보기 ▶▶ 手を　洗います。それから　ご飯を　食べます。
➡ 手を　洗ってから　ご飯を　食べます。

(1) 

勉強を　します。それから　テレビを　見ます。

➡ ________________________________。

(2) 

みんな　降ります。それから　乗って　ください。

➡ ________________________________。

(3) 

風邪が　治ります。それから　手紙を　書きます。

➡ ________________________________。

02 「~ので」를 사용하여 한 문장으로 만들어 보자.

(1) 

今日は　風邪です。会社を　休みました。

➡ ________________________________。

(2) 

キムチが　おいしいです。たくさん　食べました。

➡ ________________________________。

(3) 

この　店は　親切です。お客さんが　多いです。

➡ ________________________________。

03 「~し」를 사용하여 한 문장으로 만들어 보자.

(1) 

頭が　痛いです。熱が　あります。体が　だるいです。

➡ ________________________________。

(2) 

仕事が　したいです。結婚が　したいです。旅行が　したいです。

➡ ________________________________。

(3) 

お金が　ありません。バスが　来ません。足が　痛いです。

➡ ________________________________。

04 CD의 내용을 받아 쓰고 우리말로 옮겨 보자. 13

(1) Q : ________________________________。

A : ________________________________。

(2) Q : ________________________________。

A : ________________________________。

(3) Q : ________________________________。

A : ________________________________。

일본인들이 싫어하는 숫자

우리나라 · 중국 · 일본 같은 한자문화권에서는 숫자 4를 「死」과 발음이 같다는 이유로 싫어하는데요, 일본인들은 9도 불길한 숫자라고 여겨 싫어합니다. 그 이유는 9는 일본어로 「く」라고 발음 되는데, 이것이 「苦しい(くるしい):괴롭다」를 연상시키기 때문입니다. 빌딩 · 아파트 · 호텔 등에서도 04号, 09号가 없는 경우가 많고 특히, 死, 苦과 가까이 있으면 안되는 병원에서는 절대 4, 9의 숫자를 쓰지 않습니다.

문병시에 주는 「見舞金(みまいきん):문병위로금」과 장례식때 주는 「香典(こうでん):부조금」을 주게 될 경우에도 일본인들은 4와 9의 숫자가 들어간 금액은 「縁起(えんぎ)か悪い(わるい):불길하다」라고 하기 때문에 피해야 합니다.

04

何か おいて ありませんか。

뭔가 놓여 있지 않아요?

주요 문법내용

- 〔동〕て ある
- 〔동〕て おく
- ～から

Warming up

中村(なかむら)　机(つくえ)　待(ま)つ　引(ひ)き出(だ)し　お客(きゃく)さん　入(い)れる　お願(ねが)い　準備(じゅんび)

メモ(memo)　ピカソ(Picasso)　カメラ(camera)

フィルム(film)

회화 술술 말하기 14

A：もしもし、キムさん、中村ですが。

　あのう、私の　机の　上に　何か　メモ　おいて　ありませんか。

B：あ、ありますよ。「中村さんへ、ピカソで　待って　います」と　書いて　ありますね。

A：そうですか。時間は？

B：時間の　ことは　書いて　ありませんよ。

　あ、ちょうど　よかった！　中村さん、カメラは　どこに　ありますか。

* **もしもし**　여보세요 ◀전화에서 많이 사용된다.

中村(なかむら)　[인] 나까무라 ◀일본인의 성

* **机**(つくえ)　책상

メモ(memo)　메모

* **おく**　[동1] 놓다

～て　ある　~어 있다

A : 여보세요, 김(아무개)씨, 나카무라인데요.

저어, 제 책상 위에 뭔가 메모 놓여 있지 않아요?

B : 아, 있어요. '나카무라 씨에게, 피카소에서 기다리고 있겠습니다' 라고 써 있네요.

A : 그래요? 시간은요?

B : 시간에 대한 것은 적혀 있지 않아요.

아, 마침 잘 됐네! 나카무라 씨, 카메라는 어디에 있어요?

단어 쏙쏙 익히기

15

おいて　ありませんか 놓여 있지 않아요?

ピカソ(Picasso) 피카소

* 待つ(まつ) [동1] 기다리다

～の　こと ～에 대한 것

ちょうど　よかった 마침 잘 됐다

* カメラ(camera) 카메라

A： 引き出しの 中に しまって あります。

どうして？

B： あした お客さんが 来るでしょう。

フィルムを 入れて おきたいから。

そうそう、ビデオ・カメラも お願いします。

A： はい、ちゃんと 準備して おきますから、

心配しないで ください。

* 引き出し(ひきだし) 서랍
* しまう [동1] 안에 넣다, 간수하다
お客さん(おきゃくさん) 손님
フィルム(film) 필름
* 入れる(いれる) [동2] 넣다
〜て おく ~해 놓다

A : 서랍 안에 넣어 뒀어요(넣어져 있어요).
왜요?

B : 내일 손님이 오잖아요.
필름을 넣어 두고 싶어서요.
맞아 맞아, 비디오 카메라도 부탁해요.

A : 네, 확실히 준비해 둘 테니까, 걱정하지 마세요.

단어 쏙쏙 익히기 15

～から ～니까, ～므로, ～기 때문에 ◀ 원인 · 이유
そうそう 그래, 참, 맞아 맞아
ビデオ · カメラ(video camera) 비디오 카메라
お願いします(おねがいします) 부탁합니다
ちゃんと 확실히, 빠짐없이
* **準備**(じゅんび) 준비

문법 꽉꽉 다지기

01 〔동〕て　あります。　~(해)져 있습니다.

- 타동사에 보조동사 「ある」가 연결되면 크게 두 가지의 의미를 갖게 된다.
  ① 어떤 의도된 행동이 결과로서 남아 있는 상태 : ~되어 있다.
  ② 벌써 해 두었음(동작이 끝났음) : ~해 놓았다, ~해 두었다.
- 타동사는 목적조사 「を」 가 앞에 오지만, 「~て ある」 앞에 놓이는 조사는 「が」로 바뀌므로 주의하자.

何(なに)か　メモ(が)　おいて　**ありませんか。**
뭔가 메모(가) 놓여 있지 않아요?

「ピカソで　待(ま)って　います」と　書(か)いて　**あります。**
'피카소에서 기다리고 있겠습니다' 라고 써 있습니다.

猫(ねこ)の　絵(え)が　はって　**あります。**
고양이 그림이 붙여져 있습니다.

引(ひ)き出(だ)しの　中(なか)に　しまって　**あります。**
서랍 안에 넣어져 두었습니다(넣어 두었습니다).

02 〔동〕て　おきます。　~해 두겠습니다. ~해 놓겠습니다.

- 「~て おく」는 '~해 두다, ~해 놓다' 라는 뜻으로, 미리 어떤 조치를 해 둔다는 의미이다.

フィルムを　入(い)れて　**おきたいです。**
필름을 넣어 두고 싶습니다.

ビデオ・カメラも　準備(じゅんび)して　**おきます。**
비디오 카메라도 준비해 두겠습니다.

忘(わす)れては　いけないので、メモして　**おいて　ください。**
잊어서는 안 되기 때문에 메모해 두세요.

ビールと　コーラを　買(か)って　おきました。
맥주와 콜라를 사 두었습니다.

03 ～から

～기 때문에, ～니까, ～므로 ▶ 원인 · 이유

- 「～から」는 원인이나 이유를 나타낸다. 「～から」는 보통체나 정중체 모두 접속되지만, 「정중체+から」 형태로 많이 사용된다.

	명사	イ형용사	ナ형용사	동사
현재	정중체 보통체 + から	정중체 보통체 + から	정중체 보통체 + から	정중체 보통체 + から
과거	정중체 보통체 + から	정중체 보통체 + から	정중체 보통체 + から	정중체 보통체 + から

04 ～から、 ～て　ください。 ～から、 ～(し)ないで　ください。

～니까, ～해 주세요.
～니까, ～하지 말아 주세요.

危(あぶ)ない**から**、気(き)を　付(つ)けて　**ください**。
위험하니까 조심하세요.

この　かばんは　丈夫(じょうぶ)です**から**、たくさん　入(い)れて　ください。
이 가방은 튼튼하니까 많이 넣어 주세요.

準備して　おきます**から**、心配(しんぱい)し**ないで　ください**。
준비해 둘 테니까 걱정하지 마세요.

ここは　禁煙(きんえん)だ**から**、たばこを　吸(す)わ**ないで　ください**。
여기는 금연이니까 담배를 피지 마세요.

05 から／ので

- 의미상으로 원인이나 이유를 나타내는 점은 같다. 그러나 「～から」는 말하는 사람의 주관적인 생각을 나타내기 때문에, 뒤에 주로 「～ましょう(か)」「～でしょう(か)」「～なさい」와 같은 표현이 온다.
- 「～ので」만으로는 문장을 끝맺을 수 없지만, 「～から」는 문장을 끝맺을 수 있다.
- 「～ので」가 보통체(현재형)의 명사와 ナ형용사에 접속할 때는 「～なので」가 되고, 「～から」는 「～だから」가 되는 점이 다르다.

暑い**から**、気(き)を　つけなさい。
뜨거우니까 조심해.

疲れた**ので**　ねむって　しまった。
피곤해서 잠들어버렸다.

女(おんな) / 여자

この　おんな、　だれですか。 이 여자, 누구예요?

きれいな　おんなですね。 예쁜 여자군요.

わたしの　つまです。 내 아내예요!

おんな를 사전에서 찾아 보면, '여자, 여인, 여성' 등으로 번역되어 있다. 그래서 만화처럼 곤란한 경우가 종종 발생한다. 대화 중에 어떤 특정 개인을 おんな라고 가리키면 무시하고 모욕하는 말이 되니 요주의! 즉, 김아무개 씨가 말한 この おんな는 사전 그대로 번역하면 '이 여자' 지만, 실제로는 '이 계집, 이 X' 정도의 뉘앙스로 쓰인다. 남자도 마찬가지다. おとこ란 말 역시 이대로만 쓰면 '이 자식, 이 X'란 뉘앙스다. 형사가 범인에게 쓰거나, 아니면 야쿠자(폭력배)나 쓰는 말이다. 여자, 남자를 말하고 싶으면 반드시 おんなの ひと, おとこの ひと라고 하자. 또는 한자어를 써서 女性(じょせい), 男性(だんせい)라고 해도 된다.

실력 팍팍 키우기

01 보기와 같이 말해 보자.

보기 ▶▶ 水を　入れて　います。
➡　水が　入れて　あります。

(1) 

日本語を　書いて　います。

➡ ______________________________。

(2) 

窓を　開けて　います。

➡ ______________________________。

(3) 

絵を　かけて　います。

➡ ______________________________。

02 다음 두 문장을 한 문장으로 만들어 보자.

(1) 

ここは　禁煙です。ですから、たばこを　吸わないで　ください。

➡ ______________________________。

(2) 

危ないです。ですから、気を　つけて　ください。

➡ ______________________________。

(3) 

大丈夫です。ですから、あまり　心配しないで　ください。

➡ ______________________________。

(4) 

雨が　降って　います。ですから、ここで　待って　いて　ください。

➡ ______________________________。

실력 팍팍 키우기

03 **다음을 일본어로 옮겨 보자.**

(1)  손님이 오기 때문에, 맥주를 사 두었습니다.

➡ ________________________________。

(2)  매일 잔업을 하거나 접대로 늦어지거나 하니까요.

➡ ________________________________。

04 **CD의 내용을 받아 쓰고 대답해 보자.**  16

(1) [ピカソで　待つ]

Q : ________________________________。

A : ________________________________。

(2) [はい]

Q : ________________________________。

A : ________________________________。

(3) [引き出しの　中]

Q : ________________________________。

A : ________________________________。

일본 확 다가가기

2 단계에서 배운 몸에 관련 관용어를 더 알아봅시다.

인체 관용구 (2)

01 肩(かた) 어깨

肩が　凝(こ)る	① (육체적으로) 어깨가 뻐근하다. ② (심리적으로) 부담이 되다.
肩で　風(かぜ)を　切(き)る	어깨로 바람을 가르다. (어깨에 힘 주다. 활개치다.)
肩を　たたく	① 어깨를 두드리다. ② 퇴직을 권고하다.
肩を　持(も)つ	편을 들다.

02 胸(むね) 가슴

胸が　踊(おど)る	(희망 · 기쁨으로) 흥분하다, 두근거린다.
胸が　詰(つ)まる	가슴이 메어지다.
胸に　手(て)を　当(あ)てる	곰곰히 생각하다.
胸を　張(は)る	자신만만하다.

03 腹(はら) 배

腹が　黒(くろ)い	뱃속이 시커멓다. 탐욕스럽다.
腹が　立(た)つ	뱃속이 곤두서다. (화가 나다. 오장육부가 뒤집히다.)
腹を　吸(す)える	배를 잡고 웃다.
腹を　割(わ)る	숨김이 없다.

04 手(て) 손

手が　ない	① 방법이 없다. ② 일손이 없다.
手を　切(き)る	손을 자르다. (인연을 끊다.)
手を　抜(ぬ)く	손을 빼다. (날림으로 처리하다.)
手を　焼(や)く	애를 태우다
手も　足(あし)も　出(で)ない	손도 발도 빠지지 않는다. (① 꼼짝달싹 못하다. ② 쩔쩔매다.)

05 腰(こし) 허리

腰が　低(ひく)い	허리가 낮다. (저자세다. 겸손하다.)
腰が　抜(ぬ)ける	너무 놀라서 허리가 빠지다. (기겁하다.)
腰を　入(い)れる	본격적으로 덤벼들다.

06 尻(しり) 엉덩이

尻が　重(おも)い	엉덩이가 무겁다. 굼뜨다.
尻が　軽(かる)い	엉덩이가 가볍다. (① 경망스럽다. 촐랑댄다. ② 여자가 바람기가 있다.)
尻が　長い	남에 집에 가서 좀처럼 돌아가려 하지 않다.
尻に　火(ひ)が　つく	엉덩이에 불이 붙다. (다급하다, 경황이 없다. 발등에 불이 떨어지다.)
尻に　しく	엉덩이에 깔고 앉다.(부인이 남편을 마구 부려먹다.)

07 足 발, 다리

足が　つく	(범인의)단서가 잡히다
足が　出(で)る	발이 삐져나오다.
	(① 예산에서 적자가 나다. ② 꼬리가 잡히다.)
足が　棒(ぼう)に　なる	지쳐서 다리가 아프다
足を　洗(あら)う	발을 씻다. (나쁜 일에서 손을 떼다.)

08 気(き) 마음, 성격

気が　多(おお)い	① 무엇에나 흥미를 느끼다. ② 변덕스럽다
気が　利(き)く	눈치가 빠르다
気が　強(つよ)い	기가 세다. (대가 세다. 성격이 강하다.)
気が　長(なが)い	성질이 느긋하다.
気が　短(みじか)い	성급하다. 성격이 불 같다.
気が　ある	마음이 있다. 끌리다.
気を　使(つか)う	① 마음을 쓰다. ② 조심하다.
気を　つける	조심하다.

09 心(こころ) 마음

心が　通(かよ)う	마음이 서로 잘 통하다.
心が　行(い)くまで	충분히 만족할 때까지
心が　動(うご)く	마음이 움직이다.
心を　鬼(おに)に　する	마음을 독하게 먹다.

일본의 복주머니 「福袋(ふくぶくろ)」

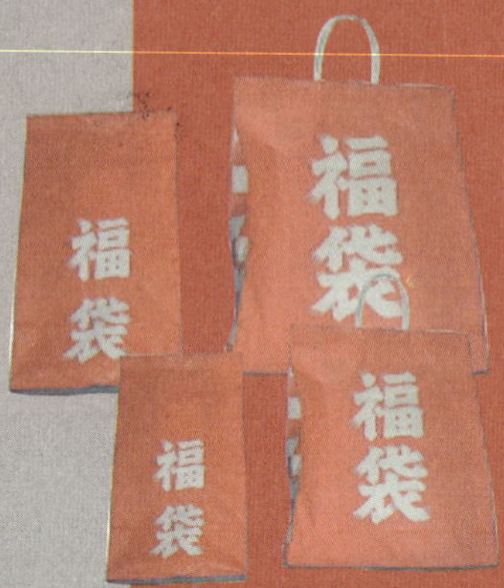

일본의 백화점에서는 새해 이벤트로 「福袋(ふくぶくろ):복주머니」라는 것을 판매하는데요, 이것은 이미 일본의 새해 풍경 중 하나가 되어있습니다. 커다란 종이 가방 속에 여러가지 상품을 넣고 안에 무엇이 들었는지는 모르게 해 놓고 파는 것인데요, 안에 뭐가 들었는지도 모르고 사는 건 불안할 수도 있지만 이렇게 해서 내용물에 대한 기대감을 갖게 하기 때문에 오히려 이것이 인기의 비결이라고도 할 수 있습니다. 또한 내용물을 원래가격보다 50~60% 정도 싸게 팔고, 대부분 사고도 실망하지 않기 때문에 이것을 사기위해 많은 사람들이 백화점 앞에 줄 서 있는 모습을 볼 수 있고요, 심지어는 그 전날부터 백화점 앞에서 잠까지 자면서 줄을 서기도 한답니다. 최근에는 고급福袋까지 등장했는데요, 100만엔대의 귀금속福袋, 자동차福袋에서 3000만엔의 신축단독주택福袋까지 등장했습니다. '그렇게 비싼 걸 도대체 누가 살까…?' 라고 생각하겠지만 의외로 잘 팔리고 인기가 많아 추첨까지 해야 할 정도라고 합니다.

05

おもしろく ない そうですよ。

재미없다고 해요.

주요 문법내용

- ▶ ～そうだ〈伝聞〉
- ▶ ～に　よると　～そうだ
- ▶ ～そうだ〈様態〉

Warming up

小説(しょうせつ)　最近(さいきん)　迫力(はくりょく)　内容(ないよう)　売(う)れる　作家(さっか)　運動会(うんどうかい)　天気(てんき)

予報(よほう)　晴(は)れる　雨(あめ)　集(あつ)まる　用事(ようじ)　参加(さんか)　楽(たの)しみだ

ベストセラー(best seller)　ペコペコ　サッカー(soccer)

メンバー(member)

회화 술술 말하기 ❶ 17

A：この　小説(しょうせつ)、パクさんの　話(はなし)に　よると、あまり　おもしろくない　そうですよ。

B：えっ、最近(さいきん)　ベストセラーだ　そうですが。

A：でも　迫力(はくりょく)も　ないし、　内容(ないよう)も　つまらない　そうです。

B：そうですか。たくさん　売(う)れて、作家(さっか)は　もうかった　そうですけど……。

* 小説(しょうせつ) 소설
* よる [동1] 의하다, 의존하다
〜に　よると ~에 의하면, ~에 따르면
おもしろく　ない 재미없다
〜そうです ~라고 합니다 ◀ 전문
おもしろく　ない　そうですよ 재미없다고 해요
えっ 어, 뭐라고 ◀ 놀라거나 의아해 할 때
* 最近(さいきん) 최근
* ベストセラー(best seller) 베스트셀러
ベストセラーだ　そうですが 베스트셀러라는데요

A : 이 소설, 박(아무개)씨 말에 의하면, 별로 재미없다고 해요.

B : 네? 최근 베스트셀러라는데요.

A : 그래도 박력도 없고, 내용도 재미없다고 합니다.

B : 그래요? 많이 팔려서 작가는 돈을 벌었다는데요….

단어 쏙쏙 익히기 18

迫力(はくりょく) 박력
内容(ないよう) 내용
* つまらない [イ형] 시시하다, 재미없다
売れる(うれる) [동2] 팔리다
作家(さっか) 작가
もうかる [동1] 벌다, 벌이가 되다
もうかった そうです 돈을 벌었답니다
~けど ~는데, ~다만 ◀~けれど, ~けれども와 같은 뜻이다.

회화 술술 말하기 2 19

A：お腹(なか)　ペコペコ……。

あっ、おにぎり、おいしそうですね。

B：どうぞ、一つ(ひと)　いかがですか。

A：ありがとう、いただきます。

運動会(うんどうかい)の　日(ひ)、天気(てんき)は　どう　なりそうですか。

B：天気予報(よほう)に　よると、その　日は　晴(は)れる　そうです。

A：じゃ、雨(あめ)の　心配(しんぱい)は　なさそうですね。

みんな　集(あつ)まりそうですか。

B：いいえ。用事(ようじ)が　あって　10人(にん)ぐらいは　参加(さんか)できない　そうです。

でも、サッカーの　メンバーは　みんな　集まりそう　ですから、楽(たの)しみですね。

ペコペコ 꼬르륵, 쫄쫄 ◀배가 몹시 고픈 모양을 나타내는 말
おにぎり 주먹밥
~そうです ~일 것 같습니다 ◀양태
おいしそうですね 맛있어 보이는군요, 맛있을 것 같군요
* **どうぞ** 어서 ◀상대방에게 무엇을 권하거나 허락할 때
* **いかがですか** 어떻습니까? ◀どうですか의 공손한 표현
ありがとう 고맙다, 고마워요
いただきます 잘 먹겠습니다
運動会(うんどうかい) 운동회
* **天気**(てんき) 날씨
どう　なる 어떻게 되다
どう　なりそうですか 어떻게 될 것 같아요?

A : 배고프다….
앗, 주먹밥, 맛있을 것 같군요.

B : 자요, 하나 어떠세요?

A : 감사합니다. 잘 먹겠습니다.
운동회 날, 날씨는 어떻게 될 것 같아요?

B : 일기 예보에 따르면 그 날은 맑을 거래요.

A : 그럼 비 올 걱정은 없을 것 같군요.
모두 모일 것 같아요?

B : 아뇨, 일이 있어서 10명 정도는 참가하지 못한다고 해요.
그래도 축구 멤버는 모두 모일 것 같으니까, 기대되는군요.

단어 쏙쏙 익히기 20

- * **天気予報**(てんきよほう) 일기 예보
- * **晴れる**(はれる) [동2] 맑다, 개다
- * **雨**(あめ) 비
- * **なさそうですね** 없을 것 같군요
- * **集まる**(あつまる) [동1] 모이다
- * **用事**(ようじ) 용무, 볼일
- **参加**(さんか) 참가
- **参加できない** 참가할 수 없다
- **サッカー**(soccer) 축구
- **メンバー**(member) 멤버
- * **楽しみだ**(たのしみだ) [ナ형] 기대되다

01 ~そうだ。

① ~란다. ~(하)단다. ▶전문
② ~할 것 같다. ~할 것 같아 보인다. ▶양태

- 전문(伝聞)의 「そうだ」는 '~하단다, ~란다' 는 뜻으로, 전해 들은 정보를 다른 사람에게 알려줄 때 사용한다.
- 양태(様態)의 「そうだ」는 '~할 것 같다, ~할 것 같아 보인다' 라는 뜻으로, 직접 확인은 못 했지만 외견상 판단해 그 성질이나 상태가 추측된다는 것을 나타낸다.
- 전문 · 양태 모두 일본어의 문법 용어이나, 편의상 그대로 사용하기로 한다.

	① 전문(伝聞)	② 양태(様態)
명사	ベストセラーだ　そうです (베스트셀러랍니다) ベストセラーでは　ない　そうです (베스트셀러가 아니랍니다)	×
イ 형용사	おもしろい　そうです (재미있답니다) おもしろく　ない　そうです (재미없답니다)	おもしろそうです (재미있을 것 같습니다) おもしろく　なさそうです (재미없을 것 같습니다)
ナ 형용사	便利(べんり)だ　そうです (편리하답니다) 便利では　ない　そうです (편리하지 않답니다)	便利そうです (편리할 것 같습니다) 便利では　なさそうです (편리하지 않을 것 같습니다)
동사	集(あつ)まる　そうです (모인답니다) 集まらない　そうです (모이지 않는답니다)	集まりそうです (모일 것 같습니다) 集まりそうに(も)　ありません 集まらなさそうです (모이지 않을 것 같습니다)

02 보통체＋そうです。 ~라고 합니다. ▶ 전문

- 「전문의 「そうだ」는 동사나 イ형용사, ナ형용사, 명사 모두 기본형이나 과거형의 보통체 뒤에 접속된다.

この 小説(しょうせつ)は ベストセラーだ **そうです。**
이 소설은 베스트셀러랍니다.

彼(かれ)の 部屋(へや)は 狭(せま)くて 汚(きたな)い **そうです。**
그의 방은 좁고 더럽답니다.

キムさんは 日本語(にほんご)が 上手(じょうず)だ **そうです。**
김(아무개) 씨는 일본어를 잘 한답니다.

作家(さっか)は もうかった **そうです。**
작가는 돈을 벌었답니다.

03 ~に よると ~そうです。 ~에 의하면 ~라고 합니다. ▶ 전문

- 「~に よると、~そうです」는 '~에 의하면 ~랍니다' 란 뜻으로, 다른 곳에서 들은 것을 그대로 또 다른 사람에게 전할 때 사용하는 표현이다.

パクさんの 話(はなし)**に よると、**おもしろく ない **そうです。**
박(아무개) 씨의 말에 의하면 재미없답니다.

天気予報(てんきよほう)**に よると、**晴(は)れる **そうです。**
일기 예보에 의하면 맑을 거랍니다.

ニュース**に よると、**高速道路(こうそくどうろ)で 事故(じこ)が あった **そうです。**
뉴스에 의하면 고속 도로에서 사고가 있었답니다.

新聞(しんぶん)**に よると、**景気(けいき)は よく なる **そうです。**
신문에 의하면 경기는 좋아진답니다.

04 ～そうです(ね)。 ～일 것 같습니다(같군요). ▶ 양태

- 「양태의 「そうだ」는 긍정문의 경우 동사의 ます형, イ형용사와 ナ형용사의 어간에 접속되며, 명사에는 접속하지 않는다.
- イ형용사 「ない」와 「いい／よい」에 접속할 때는 「なさそうだ」「よさそうだ」가 된다.
- 부정문인 경우 동사는 「ます형 + そうに ありません／そうも ありません／そうにも ありません／부정형 + なさそうです」, イ형용사는 「어간 + く なさそうです」, ナ형용사는 「어간 + では なさそうです」가 된다.

おにぎり、おいし**そうですね**。 주먹밥, 맛있을 것 같군요.

雨(あめ)の 心配(しんぱい)は なさ**そうですね**。 비(가 올) 염려는 없을 것 같군요.

彼女(かのじょ)は 頭(あたま)が よさ**そうです**。 그녀는 머리가 좋을 것 같습니다.

退屈(たいくつ)**そうな** 顔(かお)を して います。 지루한 듯한 얼굴을 하고 있습니다.

みんな 集(あつ)まり**そうに(も) ありません**。 모두 모일 것 같지 않아요.

05 楽しみだ。 기대되다, 고대되다
楽しみ 즐거움, 낙

- イ형용사나 ナ형용사의 어간에 「み」가 붙어서 명사가 되는 경우가 있다.
  모든 형용사에 「み」가 붙을 수 있는 것은 아니므로, 다음 예를 참고로 익혀 두도록 하자.

  예 楽しい － 楽しみ (즐거움, 낙, 기대)
  暖かい － 暖かみ (온기, 따뜻함)
  おもしろい － おもしろみ (재미, 흥미)
  ※ (×) 広み (×) 長み (×) 寒み (×) うれしみ

- 「楽しみに して います」는 '기대하겠습니다, 고대하고 있습니다' 라는 뜻으로 널리 쓰이는 말이다.

サッカーの　メンバーは　みんな　集まりそうですから、**楽**(たの)**しみですね。**
축구 멤버는 모두 모일 것 같으니까 기대되는군요.

チュソクの　連休(れんきゅう)が　**楽しみです。**
추석 연휴가 기대됩니다.

プレゼントを　**楽しみに**　して　います。
선물을 기대하고 있습니다.

つりの　**楽しみ**を　知(し)って　いますか。
낚시의 즐거움을 알아요?

老後(ろうご)の　**楽しみ**は　何(なん)ですか。
노후의 즐거움은 무엇입니까?

にほん? にっぽん? / 일본

일본 스포츠 선수들의 유니폼에서 にっぽん[NIPPON]이라는 표기를 자주 볼 수 있다. にっぽん, にほん 어느 쪽을 사용해야 한다는 규정은 없다. 양쪽 모두 약 500여 년 전부터 사용되어온 말인데, 예전부터 にっぽん쪽을 많이 사용했었다. 아무래도 영어로 표기했을 때 NIHON보다는 NIPPON 쪽이 디자인적으로 멋있어 보이고 발음도 힘있게 들리기 때문에 현재에도 인기가 있는 것 같다.

실력 팍팍 키우기

01 보기와 같이 말해 보자.

> 보기 ▸▸ この　小説は　おもしろいです。
> ➡ この　小説は　おもしろい　そうです。

(1) 

まだ　食事前です。

➡ ＿＿＿＿＿＿＿＿＿＿＿＿＿＿＿＿＿＿＿＿。

(2) 

キムさんは　日本語が　上手です

➡ ＿＿＿＿＿＿＿＿＿＿＿＿＿＿＿＿＿＿＿＿。

(3) 

きのう　ヨーロッパへ　行きました。

➡ ＿＿＿＿＿＿＿＿＿＿＿＿＿＿＿＿＿＿＿＿。

02 보기와 같이 말해 보자.

> 보기 ▸▸ この　小説は　おもしろいです。
> ➡ この　小説は　おもしろそうです。

(1) 

これで　問題は　ない。

➡ ＿＿＿＿＿＿＿＿＿＿＿＿＿＿＿＿＿＿＿＿。

(2) 

あの　人は　元気だ。

➡ ＿＿＿＿＿＿＿＿＿＿＿＿＿＿＿＿＿＿＿＿。

(3)

彼女は　頭が　いい。

➡ ______________________________。

03 CD의 내용을 받아 쓰고 대답해 보자. 21

(1) [はい]

Q : ______________________________。

A : ______________________________。

(2) [天気予報、晴れる]

Q : ______________________________。

A : ______________________________。

(3) [パクさんの　話、おもしろく　ない]

Q : ______________________________。

A : ______________________________。

문법 플러스

자동사와 타동사

- '~을/를' 에 해당하는 목적격 조사 「を」가 앞에 오는 것이 타동사(他動詞), 「を」가 필요없는 것이 자동사(自動詞)이다.
- 아래는 짝이 되는 자동사 · 타동사 표이다. 소리내어 읽어 보자.

자동사	타동사	자동사	타동사	자동사	타동사
通る (지나다)	通す (통과시키다)	生きる (살다)	生かす (살리다)	降りる (내리다)	降ろす (내려놓다)
残る (남다)	残す (남기다)	増える (늘다)	増やす (늘리다)	割れる (깨지다)	割る (쪼개다)
始まる (시작되다)	始める (시작하다)	治る (낫다)	治す (고치다)	切れる (베이다)	切る (자르다)
集まる (모이다)	集める (모으다)	乗る (타다)	乗せる (태우다)	開く (열리다)	開ける (열다)
止まる (멈추다)	止める (세우다)	落ちる (떨어지다)	落とす (떨어뜨리다)	つく (붙다)	つける (붙이다)
曲がる (구부러지다)	曲げる (구부리다)	過ぎる (지나가다)	過ごす (보내다)	届く (이르다)	届ける (보내다)
終わる (끝나다)	終える (끝내다)	起きる (일어나다)	起こす (일으키다)	続く (계속되다)	続ける (계속하다)

- 「吹く」「運ぶ」는 자동사 · 타동사 두 가지로 다 쓰인다.

風が 吹く (바람이 불다) – 笛を 吹く (피리를 불다)

仕事が 運ぶ (일이 진척되다) – つくえを 運ぶ (책상을 운반하다)

- 자동사와 타동사가 같은 한자로 시작하면서 발음이 다른 동사는 다음과 같다.

消える (없어지다) – 消す (끄다)

出る (나가다) – 出す (꺼내다)

入る (들어가다) – 入れる (넣다)

일본의 목욕문화

일본인들은 대부분 목욕을 좋아합니다. 일반 가정집에서는 매일 자기 전에 그냥 샤워만 하는 사람들도 있지만 대부분 욕조에 들어가 30분 정도 몸을 담그고 그 날의 피로를 푼답니다. 욕조에 들어가기 전에 몸을 깨끗이 씻고 들어가므로 가족들이 돌아가면서 사용하며 물을 절약하기 위해 사용한 물을 세탁기에 넣어 다시 사용하기도 합니다.

일본에도 「銭湯(せんとう)」라고 하는 대중 목욕탕이 있는데요, 새벽부터 문을 여는 우리 나라와 달리 오후 3시 경 부터 밤 12시 정도까지 영업을 합니다. 우리 나라처럼 때를 미는 습관은 없고, 목욕할 때는 다른 사람한테 물이 튀지 않도록 조심을 합니다. 일본 국내에는 온천이 많이 있고 대부분이 지방에 있지만 도쿄 도심에도 천연 온천이 있습니다. 「スパ」「スーパー銭湯」 등의 이름으로 다양한 시설을 갖추고 있는 도심의 온천은 지방까지 여행을 가지 않아도 느긋하게 온천 기분을 만끽할 수 있어서 인기가 높답니다.

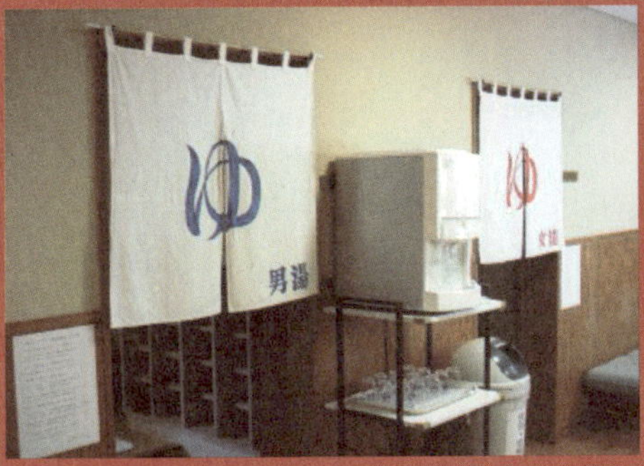

野菜(やさい)と果物(くだもの)

야채와 과일

りんご 사과　さくらんぼ 체리　トマト 토마토　マンゴ 망고　キウィ 키위　ぶどう 포도

すいか 수박　いちご 딸기　まめもやし 콩나물　とうがらし 고추　じゃがいも 감자

さつまいも 고구마　だいこん 무　きゅうり 오이　にんにく 마늘　かぼちゃ 호박

かき 감

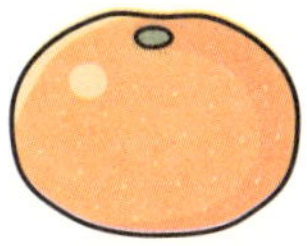

みかん 귤

メロン 멜론

なし 배

すもも 자두

もも 복숭아

ほうれんそう 시금치

なす 가지

たまねぎ 양파

ねぎ 파

キャベツ 양배추

はくさい 배추

밑에 きれそうなわたし가 보이시죠? 여기서 きれる는 '화가나다, 이성을 잃다' 라는 뜻으로 쓰였는데요, そうだ와 접속하여 きれそうな는 '화가 날 듯한' 이란 뜻이 되었습니다.

06

買わなくても いいです。

사지 않아도 됩니다.

주요 문법내용

▶ 〔동〕なくても いいです(か)

▶ 〔동〕なければ なりません(か)

Warming up

週(しゅう)に 1回(いっかい)　料金(りょうきん)　場所(ばしょ)　違(ちが)う　皆(みな)さん　無料(むりょう)　開場(かいじょう)　前回(ぜんかい)

入場(にゅうじょう)　開始(かいし)　答(こた)える　受付(うけつけ)

ノレバン (노래방)　カラオケ・ボックス　アンケート (ênquete)

ウォン (원)

회화 술술 말하기 ① 22

A：キムさん、ノレバンって　何(なん)ですか。

B：ノレバンと　いうのは　歌(うた)の　好(す)きな　人(ひと)が　よく　行(い)く　ところです。
日本(にほん)では　カラオケ・ボックスと　言(い)うんでしょう。

A：ああ、カラオケ・ボックスですか。キムさんも　よく　行くんですか。

B：ええ、家族(かぞく)と　一緒(いっしょ)に　週(しゅう)に　1回は　行きます。

A：そうですか。料金は　いくらぐらい　しますか。

B：場所に　よって　違いますが、うちの　近所では　1時間(じかん)に　つき　1万(まん)　5千(せん)ウォンです。

ノレバン　노래방
～って　~란 게 ◀~というのは의 준말
～って　何ですか　~란 게 무엇입니까?
～に　つき　~당
1時間に　つき　한 시간 당

カラオケ・ボックス　가라오케 박스◀カラオケ는 から(空)＋オーケストラ(오케스트라), 즉 '노래는 없고 반주만 있는 오케스트라'라는 뜻이다. 우리나라의 노래방에 해당됨.

A : 김(아무개)씨, 노래방이란 게 뭡니까?

B : 노래방이라는 건 노래를 좋아하는 사람들이 자주 가는 곳이에요.
일본에서는 가라오케 박스라고 하지요.

A : 아아, 가라오케 박스요? 김(아무개)씨도 자주 갑니까?

B : 네, 가족과 함께 1주일에 한 번은 갑니다.

A : 그래요? 요금은 얼마 정도 합니까?

B : 장소에 따라 다릅니다만, 우리 동네에서는 1시간 당 만 5천 원이에요.

단어 쏙쏙 익히기 23

週(しゅう) 주, 일주간
週に 1주일에
料金(りょうきん) 요금
場所(ばしょ) 장소
～に よって ～에 따라
* **違う**(ちがう) [동1] 다르다, 틀리다
ウォン 원 ◀ 한국의 화폐 단위

A：皆(みな)さん、今日(きょう)は　無料(むりょう)コンサートですから、チケットは買(か)わなくても　いいですよ。

B：開場(かいじょう)まで、ここで　ずっと　待(ま)たなければ　なりませんか。

A：ええ、前回(ぜんかい)の　お客(きゃく)さんが　出(で)た　後(あと)で、すぐ　入場(にゅうじょう)を開始(かいし)します。

B：この　アンケートには　答(こた)えなくても　いいですか。

A：いいえ、ぜひ　お願(ねが)いします。
入(はい)る　前(まえ)に　受付(うけつけ)に　出(だ)して　ください。

* **皆さん**(みなさん) 여러분
無料(むりょう) 무료
〜なくても　いいです 〜하지 않아도 됩니다, 〜하지 않아도 좋습니다
買わなくても　いいですよ 사지 않아도 됩니다
開場(かいじょう) 개장
〜なければ　なりませんか 〜하지 않으면 안 됩니까? 〜해야만 합니까?
待たなければ　なりませんか 기다리지 않으면 안 됩니까?
前回(ぜんかい) 전회

A : 여러분, 오늘은 무료 콘서트이기 때문에, 티켓은 사지 않아도 됩니다.

B : 개장할 때까지 여기서 쭉 기다리지 않으면 안 됩니까?

A : 네, 전회의 손님들이 나온 다음에 바로 입장을 개시하겠습니다.

B : 이 앙케트에는 답하지 않아도 됩니까?

A : 아뇨, 꼭 부탁합니다.
들어가기 전에 접수처에 내 주세요.

단어 쏙쏙 익히기 25

~た　後(おと)で ~한 뒤에, ~한 다음에
◀동사의 과거형+後で
出た　後で 나온 다음에
入場(にゅうじょう) 입장
開始(かいし) 개시
アンケート(ênquete) 앙케트
* 答える(こたえる) [동2] 대답하다
* ぜひ 꼭, 반드시
~る　前(まえ)に ~하기 전에 ◀동사의 기본형+前に
入る　前に 들어가기 전에
* 受付(うけつけ) 접수, 접수처
* 出す(だす) [동1] 제출하다, 내다

문법 짝짝 다지기

01 ～って 何ですか。 ～란 게(～한다는 게) 뭡니까?

- 「～って 何ですか」는 '～란 게 뭡니까?' 의 뜻으로, 상대방이 한 말을 몰라 되묻는 경우, 또는 들어서 알고는 있지만 정확한 내용 등을 묻는 경우에 사용하는 표현이다. 여기서 「～って」는 「～と いうのは」를 줄인 말이다.

ノレバンって 何(なん)ですか。
노래방이란 게 무엇입니까?

　－ ノレバンと いうのは カラオケ・ボックスのことです。
　　노래방이라고 하는 것은 가라오케 박스를 말합니다.

チュンチョン(春川)に 行(い)った ことが ありますか。
춘천에 간 적이 있습니까?

　－ チュンチョンって どこですか。
　　춘천이란 어디입니까?

イ・ミジャって だれですか。
이미자란 누구입니까?

　－ イ・ミジャさんは 韓国(かんこく)で 有名(ゆうめい)な 歌手(かしゅ)の 一人(ひとり)です。
　　이미자 씨는 한국에서 유명한 가수 중 한 명입니다.

チュソクって いつですか。
추석이란 언제입니까?

　－ 旧暦(きゅうれき)の 8月(がつ) 15日(にち)です。
　　음력 8월 15일입니다.

02 ～の ～ ～이/가 ▶ 조사 が를 대신함

- 구(句)가 뒤의 명사를 수식하는 형태로 사용되면, 주격 조사 「が」를 「の」로 바꾸어도 된다.

예
┌ 노래를 좋아한다
└ 歌が 好きだ

┌ 노래를 좋아하는 사람
└ 歌の 好きな 人

歌(うた)の　好(す)きな　人(ひと)　（＝ 歌が　好きな　人）

노래를 좋아하는 사람

あちらの　背(せ)の　高(たか)い　男(おとこ)の　人が　パクさんです。

저쪽 키 큰 남자가 박(아무개) 씨예요.

サービスの　良(よ)い　店(みせ)は　味(あじ)も　いい。

서비스가 좋은 가게는 맛도 좋다.

03 ～に　　～에, ～당

- 조사「に」는 비교 · 비율의 기준을 나타낸다.
- 「1時間に つき 1万 5千ウォン」은 '1시간당 15,000원' 이란 뜻이 된다. 이런 경우에는「で」로 바꾸어「1時間で 1万 5千ウォン」으로 해도 된다. 단「週に 1回」「2カ月に 1回」「1日に 3回」의「に」를「で」로 바꿀 수는 없다.

週(しゅう)に　1回(かい)は　ノレバンに　行きます。

1주일에 한 번은 노래방에 갑니다.

1時間に　つき　1万　5千ウォンです。

1시간 당 만 5천 원입니다.

2か月(げつ)に　1回は　掃除(そうじ)を　して　ください。

2개월에 한 번은 청소를 하세요.

薬(くすり)は　1日(にち)に　3回　かならず　飲(の)んで　ください。

약은 하루에 세 번 꼭 드세요.

04	
〔동〕なくても　いいですか。	~하지 않아도 됩니까?
— はい、〔동〕なくても　いいです。	네, ~하지 않아도 됩니다.
— いいえ、〔동〕なければ　なりません。	아뇨, ~하지 않으면 안됩니다.
— いいえ、〔동〕なくては　いけません。	아뇨, ~해야 됩니다.

- 「~なくても いいです(か)」「~なければ なりません」「~なくては いけません」은 모두 ない형에 접속한다.
- 「~なければ なりません」이 규칙이나 약속으로 정해진 것이라서 해야 한다고 말하는 '객관적인 표현' 인 데 비해서, 「~なくては いけません」은 말하는 사람의 생각이나 의견을 나타내는 '주관적인 표현' 이다.

チケットを　買(か)わなくても　いいですか。
티켓을 사지 않아도 됩니까?

— ええ、買わなくても　いいです。
네, 사지 않아도 됩니다.

日本語(にほんご)で　答(こた)えなくても　いいですか。
일본어로 대답하지 않아도 됩니까?

— いいえ、日本語で　答えなければ　なりません。
아뇨, 일본어로 대답해야 합니다.

薬を　飲まなくても　いいですか。
약을 먹지 않아도 됩니까?

— いいえ、1日に　3回は　かならず　飲んで　ください。
아뇨, 하루에 3번은 꼭 드세요.

문법 플러스

조수사(3)

	回(かい) (~회, ~번)	軒(けん／げん) (~채)	匹(ひき／びき／ぴき) (~마리)	着(ちゃく) (~벌)	倍(ばい) (~배)
?	何回(なんかい) (몇 회, 몇 번)	何軒(なんけん／なんげん) (몇 채)	何匹(なんびき) (몇 마리)	何着(なんちゃく) (몇 벌)	何倍(なんばい) (몇 배)
1	いっかい	いっけん	いっぴき	いっちゃく	いちばい
2	にかい	にけん	にひき	にちゃく	にばい
3	さんかい	さんげん	さんびき	さんちゃく	さんばい
4	よんかい	よんけん	よんひき	よんちゃく	よんばい
5	ごかい	ごけん	ごひき	ごちゃく	ごばい
6	ろっかい	ろっけん	ろっぴき	ろくちゃく	ろくばい
7	ななかい	ななけん	ななひき	ななちゃく	ななばい
8	はちかい はっかい	はちけん はっけん	はっぴき	はっちゃく	はちばい
9	きゅうかい	きゅうけん	きゅうひき	きゅうちゃく	きゅうばい
10	じゅっかい じっかい	じゅっけん じっけん	じゅっぴき じっぴき	じゅっちゃく じっちゃく	じゅうばい
百	ひゃっかい	ひゃっけん	ひゃっぴき	ひゃくちゃく	ひゃくばい
千	せんかい	せんけん	せんびき	せんちゃく	せんばい
万	いちまんかい	いちまんけん	いちまんびき	いちまんちゃく	いちまんばい

실력 팍팍 키우기

01 보기와 같이 말해 보자.

보기 ▶▶ カルビ ➡ カルビって　何ですか。

(1) 

ソルロンタン

➡ ________________________________。

(2) 

イ・ミジャさん

➡ ________________________________。

(3) 

チュソク

➡ ________________________________。

(4) 

チュンチョン

➡ ________________________________。

02 보기와 같이 대답해 보자.

보기 ▶▶ 薬を　飲まなくても　いいですか。
➡ はい、飲まなくても　いいです。
いいえ、飲まなければ　なりません。

(1) 

チケットを　買わなくても　いいですか。

➡ ________________________________。

________________________________。

(2) 

アンケートに　答えなくても　いいですか。

➡ ________________________________。

________________________________。

(3) 

6時までに　来なくても　いいですか。

➡ ____________________。

____________________。

03 다음을 일본어로 옮겨 보자.

(1) 

서비스가 좋은 가게는 맛도 좋습니다.

➡ ____________________。

(2) 

저쪽의 키가 큰 사람이 사토 씨입니다.

➡ ____________________。

04 CD의 내용을 받아 쓰고 대답해 보자. 26

(1) [歌の好きな人]

Q : ____________________。

A : ____________________。

(2) [1時間、15,000ウォン]

Q : ____________________。

A : ____________________。

(3) [無料コンサート]

Q : ____________________。

A : ____________________。

귀신은 밖으로, 복은 안으로

일본의 입춘 전날을 「節分(せつぶん)」이라고 하는데요, 일본의 연중행사 중 하나입니다. 해에 따라 날짜는 다르지만 대개 2월 3일 전후가 됩니다. 「節分」날 밤에는 각 가정에서 「鬼(おに)は 外(そと)、福(ふく)は うち:귀신은 밖으로, 복은 안으로」라고 외치면서 집안에 좋은 일이 있기를 기원하며 집 안밖으로 콩을 뿌립니다. 콩을 뿌린 다음에는 남은 콩을 가족 모두가 각자 자신의 나이만큼 먹으며 일년 동안의 좋은 일을 기원하기도 한답니다.

관서 지방에서는 그 해의 恵方(えほう:운수가 좋다는 방향)를 보면서 말을 하지 않고 太巻き(ふとまき:일본식 김밥)를 한 줄 먹으면 일년 동안 무사히 지낼 수 있다는 풍습이 있습니다. '인연을 끊지 않는다' 라는 의미에서 김밥을 칼로 자르지 않고 한 줄 통째로 다 먹어야 한답니다.

07

お酒を 飲むと 顔が 赤く なる。

술을 마시면 얼굴이 붉어진다.

주요 문법내용

- 〔동〕と
- 〔동〕出す
- 〔동〕過ぎる

Warming up

安田(やすだ)　恥(は)ずかしい　性格(せいかく)　必(かなら)ず　泣(な)き出(だ)す　泣(な)く　泣(な)き上戸(じょうご)

反対(はんたい)に　笑(わら)う　笑(わら)い上戸(じょうご)　歌(うた)いたがる　歌(うた)い出(だ)す　放(はな)す

飲(の)み過(す)ぎる　普段(ふだん)　翌日(よくじつ)　二日酔(ふつかよ)い　お互(たが)い　意味(いみ)　乾杯(かんぱい)

マイク(microphone)

회화 술술 말하기 27

A：安田さんは　お酒を　飲むと、すぐ　顔が　赤く なりますね。

B：ええ、お酒が　入ると、すぐ　顔に　出るんです。恥ずかしいですね。

A：恥ずかしい　ことでは　ありませんよ。ところで、一緒に　飲んで　みると、その　人の　性格が わかりますね。

B：そうですね。飲むと　必ず　泣き出す　人が　いますね。

A：そうそう、それを　日本語では　何と　言いますか。

B：飲むと　泣く　人を　泣き上戸、反対に　よく　笑う 人を　笑い上戸と　言います。

安田(やすだ) [인] 야스다 ◀ 일본인의 성
～と ～(하)면
飲むと 마시면
赤く　なりますね 붉어지는군요, 빨개지는군요
お酒が　入ると 술이 들어가면
顔に　出る 얼굴에 나타나다
* **恥ずかしい**(はずかしい) [イ형] 부끄럽다, 창피하다
飲んで　みると 마셔 보면
性格(せいかく) 성격
わかりますね 알 수 있어요

A : 야스다 씨는 술을 마시면 금방 얼굴이 붉어지는군요.

B : 네, 술이 들어가면 금방 얼굴에 나타나요. 창피합니다.

A : 창피한 일이 아니예요.
그런데 같이 마셔 보면 그 사람의 성격을 알 수 있지요.

B : 그래요. 마시면 반드시 울기 시작하는 사람이 있지요.

A : 네, 그래요. 그런 걸 일본어로는 뭐라고 합니까?

B : (술을) 마시면 우는 사람을 '나키조고', 반대로 잘 웃는 사람을 '와라이조고' 라고 해요.

단어 쏙쏙 익히기 28

* **必ず**(かならず) 반드시, 꼭
* **泣く**(なく) [동1] 울다
* **~出す**(だす) ~하기 시작하다 ◀동사의 ます형+出す
  泣き出す(なきだす) [동1] 울기 시작하다
  泣き上戸(なきじょうご) 취하면 우는 버릇, 또는 그런 사람
* **反対に**(はんたいに) 반대로
* **笑う**(わらう) [동1] 웃다
  笑い上戸(わらいじょうご) 취하면 잘 웃는 버릇, 또는 그런 사람

회화 술술 말하기 27

A：泣き上戸と　笑い上戸ですか。

　また、飲むと、歌いたがる人も　いるでしょう。

B：ええ。そういう　人たちは　歌い出すと、マイクを　放さないですね。

A：ぼくは　いつも　つい　飲み過ぎるのが　問題です。

　普段　あまり　飲みませんが、飲むと、翌日は　必ず二日酔いに　なりますね。

B：お互いに　飲み過ぎには　気を　付けましょう。

A：そうですね。その 意味で　乾杯！

～たがる ~하고 싶어하다 ◀동사의 ます형+たがる 주로 3인칭의 희망이나 소망을 나타낼 때 사용한다.
歌いたがる(うたいたがる) [동1] 노래하고 싶어하다
そういう 그런, 그러한
歌い出す(うたいだす) [동1] 노래 부르기 시작하다
マイク(microphone) 마이크
放す(はなす) [동1] 놓다, 풀다
つい 무심코, 그만
* **～過ぎる**(すぎる) 지나치게 ~하다, 너무 ~하다 ◀동사의 ます형+すぎる

A : '나키조고' 와 '와라이조고' 라구요?

또, 마시면 노래하고 싶어하는 사람도 있잖아요.

B : 네, 그 사람들은 노래 부르기 시작하면 마이크를 놓지 않아요.

A : 나는 언제나 무심코 과음하는 게 문제예요.

평소에는 잘 안 마시는데, 마시면 다음날은 꼭 숙취예요.

B : 서로 과음에는 주의합시다.

A : 그럼요. 그런 의미에서 건배!

단어 쏙쏙 익히기 28

飲み過ぎる(のみすぎる) [동2] 과음하다
普段(ふだん) 평소, 보통 때
翌日(よくじつ) 다음날
二日酔い(ふつかよい) 숙취
お互いに(おたがいに) 서로
飲み過ぎ 과음
* **意味**(いみ) 의미
乾杯(かんぱい) 건배

문법 짝짝 다지기

01 〔동〕と、 ~　　~하면, ~　▶ 가정 · 조건①

- 「~と」는 '~하면' 이란 뜻으로, 「と」 앞의 문장을 전제로 했을 경우 반드시 뒷 문장과 같은 결과가 생길 때 사용한다. 즉, 'A하면 반드시 B하다' 의 의미로 쓰는데, 과거형에는 접속하지 않는다.

お酒(さけ)を　飲(の)む**と**、顔(かお)が　赤(あか)く　なります。
술을 마시면, 얼굴이 붉어집니다.

お酒が　入(はい)る**と**、すぐ　顔に　出(で)るんです。
술이 들어가면, 바로 얼굴에 나타나요.

春(はる)に　なる**と**、暖(あたた)かく　なります。
봄이 되면, 따뜻해집니다.

3に　5を　プラスする**と**、8に　なります。
3에 5를 더하면, 8이 됩니다.

02 〔동〕ます형 + 出す　　~하기 시작하다

- 「~出す」는 동사의 ます형에 붙어 '~하기 시작하다' 의 의미로 사용한다.
- 자연 현상, 무의식적인 현상인 경우에는 '처음으로 ~하다' 라는 의미도 있다.

飲むと　必(かなら)ず　泣(な)き**出(だ)す**　人(ひと)。
마시면 반드시 울기 시작하는 사람.

歌(うた)い**出す**と、マイクを　放(はな)しません。
노래 부르기 시작하면 마이크를 놓지 않아요.

車(くるま)が　動(うご)き**出しました**。
차가 움직이기 시작했습니다.

03 〔동〕ます형 + 過ぎる　　너무 ~하다

- 「~過ぎる」는 어떤 동작이나 상태가 도에 지나친 것을 뜻한다.
- 동사는 ます형에, イ형용사나 ナ형용사는 어간에 접속하는데, 우리말로는 '지나치게 ~하다, 너무 ~하다' 라는 뜻이다.

ぼくは　つい　飲み**過(す)ぎる**のが　問題(もんだい)です。
저는 무심코 과음하는 게 문제입니다.

食(た)べ**過ぎ**、飲み**過ぎ**に　気(き)を　付(つ)けましょう。
과식, 과음을(에) 주의합시다.

テレビの　見(み)**過ぎ**で、目(め)が　悪(わる)く　なりました。
텔레비전을 너무 봐서, 눈이 나빠졌어요.

この　くつは　小(ち)さ**過ぎる**。
이 구두는 너무 작다.

04 〔동〕ます형 + たがる　　(남이) ~하고 싶어하다

- 동사의 ます형에 「たがる」를 붙이면 제3자의 희망이나 소망을 나타내는 표현이 된다.
- 나(1인칭)의 희망이나 소망을 나타낼 때는 동사의 ます형에 「たい」를 붙인다. (☞ 2단계 3과)

飲むと、歌い**たがる**　人も　いるでしょう。
마시면 노래하고 싶어하는 사람도 있잖아요.

彼(かれ)は　何(なん)でも　知(し)り**たがる**。
그는 뭐든지 알고 싶어한다.

彼女(かのじょ)は　恋人(こいびと)に　会(あ)い**たがって**　います。
그녀는 애인을 만나고 싶어합니다.

실력 팍팍 키우기

01 보기와 같이 말해 보자.

> 보기 ▶▶ お酒を　飲む。顔が　赤く　なる。
> ➡ **お酒を　飲むと、顔が　赤く　なります。**

(1) 

春に　なる。暖かく　なる。

➡ ______________________________。

(2) 

飲み過ぎる。翌日は　二日酔いに　なる。

➡ ______________________________。

(3) 

お金を　入れる。コーヒーが　出る。

➡ ______________________________。

(4) 

タバコを　やめる。体に　いい。

➡ ______________________________。

02 보기와 같이 말해 보자.

> 보기 ▶▶ **（私は）歌いたいです。**
> ➡ キムさんは　歌いたがって　います。

(1) 

きれいな　ドレスを　買いたいです。

➡ 彼女は______________________________。

(2) 

9時の　ドラマを　見たいです。

➡ 彼は______________________________。

(3) 

イさんと　話したいです。

➡ 安田さんは ________________________________。

03 CD의 내용을 받아 쓰고 대답해 보자. 29

(1) [泣き上戸]

Q : ________________________________。

A : ________________________________。

(2) [笑い上戸]

Q : ________________________________。

A : ________________________________。

(3) [いいえ]

Q : ________________________________。

A : ________________________________。

일본의 섣달그믐 「大晦日(おおみそか)」

한 해의 마지막날에 일본에서는 전통적으로 「年越しそば(としこしそば)」라고 하는 메밀국수를 먹는데요, 긴 국수 면발처럼 장수를 기원하는 마음이 담겨있고, 국수 면발을 끊는 것처럼 그 해에 일어난 나쁜 일들을 끊어버린다는 의미도 있답니다. 그리고 「紅白歌合戦(こうはくうたがっせん):홍백가합전」을 보는 것이 마치 연말의 습관처럼 되어있는데요, 이것은 50년 이상의 역사를 갖고 있는 NHK의 TV 프로그램으로 한해동안 활약한 가수들이 홍팀과 백팀으로 나뉘어 우세를 겨루는 가요 프로입니다. 또 「除夜の鐘(じょやのかね): 제야의 종)」를 치는 것은 우리나라와 같은데요, 보신각에서만 제야의 종 타종식을 하는 우리나라와 달리 일본에선 동네마다 큰 종이 있는 사원에서 종을 치고 참배하러 간 사람들이 직접 칠 수도 있답니다.

08

そんな ダイエットを したら…。

그런 다이어트를 하면….

주요 문법내용

- 〔동〕たら
- 〔동〕ように する／〔동〕ないように する
- 남성어, 여성어, 반말투

Warming up

目(め)がない　実(じつ)　始(はじ)める　甘(あま)い物(もの)　卵(たまご)　今回(こんかい)　お湯(ゆ)　溶(と)かす　弱(よわ)い
運動(うんどう)　効果(こうか)　痩(や)せ過(す)ぎ　痩(や)せる　嫌(いや)だ
サンキュー(thank you)　スリムだ(slimだ)

회화 술술 말하기 30

あいこ：ケーキ、いろいろ　買(か)って　おいたわよ。

好(す)きなだけ　食(た)べて。

よしこ：サンキュー。でも、後(あと)で　いただくわ。

あいこ：どうしたの？ケーキには　目(め)が　ないんでしょう。

よしこ：実(じつ)はね、ダイエットを　始(はじ)めたから、甘(あま)い物(もの)は

食べないように　して　いるの。

あいこ：また？りんごダイエットも　卵(たまご)ダイエットも　だめだったじゃ　ない？今回(こんかい)は　どんな　ダイエットなの？

よしこ：はちみつダイエットを　始めたの。

あいこ：はちみつダイエット？

よしこ：うん。はちみつを　お湯(ゆ)に　溶(と)かして、それだけ

飲(の)むように　して　いるの。

あいこ [인] 아이코 ◀일본 여자의 이름
* **いろいろ** 여러 가지, 이것 저것
~わ ◀부드러운 여성 어미
~わよ ◀~(です)よ, ~(ます)よ에 해당하는 여성 어미
~だけ ~만큼 ◀정도를 나타낸다.
好きなだけ 좋을 만큼, 원하는 만큼
食べて 먹어 ◀食べてくださいにで ください가 생략되었다. 친한 사이에 쓰는 반말투.
よしこ [인] 요시코 ◀일본 여자의 이름
サンキュー(thank you) 탱큐
後で(あとで) 나중에
いただくわ 먹겠어, 들겠어

아이코 : 케이크, 여러 가지 사 두었어.
원하는 만큼 먹어.

요시코 : 탱큐, 하지만 나중에 먹을께.

아이코 : 웬일이야? 케이크라면 사족을 못쓰잖아.

요시코 : 실은 말이야, 다이어트를 시작했기 때문에, 단 것은 먹지 않기로 하고 있거든.

아이코 : 또야? 사과 다이어트도 달걀 다이어트도 별로였잖아?
이번엔 어떤 다이어트야?

요시코 : 벌꿀 다이어트를 시작했어.

아이코 : 벌꿀 다이어트?

요시코 : 응, 벌꿀을 따뜻한 물에 타서, 그것만 마시도록 하고 있어.

단어 쏙쏙 익히기 31

〜の ① 〜니? 〜느냐?(의문) ② 〜야(가벼운 단정) ③ 〜하여라 (명령) ◀남녀 공용 어미

どうしたの 왜 그래? 어떻게 된 거야? ◀どうしましたか보다 친밀한 말투

* **目**(め) 눈

目が　ない (좋아서) 사족을 못쓴다

* **実は**(じつは) 실은

実はね 실은 말이야 ◀ね는 말투를 고르거나 말을 연결시키는 역할을 한다.

* **始める**(はじめる) [동2] 시작하다

* **甘い**(あまい) [イ형] 달다

甘い物(あまいもの) 단 것

〜ように　する 〜하도록 하다

〜ないように　する 〜하지 않도록 하다

회화 술술 말하기 30

あいこ：はちみつしか　食べないの？

よしこ：そう。

あいこ：そんな　ダイエットを　したら、体(からだ)が　弱(よわ)くなるだけよ。きちんと　食べて　運動(うんどう)を　続(つづ)けたら、必(かなら)ずスリムに　なるの。

よしこ：でも、はちみつダイエットは　効果(こうか)が　ある　そうよ。よかったら、あいこちゃんも　やって　みたら？

あいこ：私(わたし)は　いいわ。最近(さいきん)、みんな　痩(や)せ過(す)ぎだと　思(おも)わない？

よしこ：でも、みんなが　痩せているから、私だけが　太(ふと)るのは　嫌(いや)よ。

食べないように　して　いる 먹지 않도록 하고 있다
して　いるの 하고 있어, 하고 있거든
りんご 사과
* **卵(たまご)** 달걀, 알 ◀한자로 玉子라고 쓰기도 한다.
今回(こんかい) 이번
〜なの ~(이)야 ◀말꼬리를 올리면 의문문, 내리면 가벼운 단정을 나타낸다. 정중체는 ~なんです(か)
はちみつ 벌꿀 ◀はち는 '벌', みつ는 '꿀'이고, '꿀벌'은 みつばち이다.
うん 응 ◀승낙이나 긍정을 나타낸다.
* **お湯(おゆ)** 뜨거운 물, 따뜻한 물 ◀お는 湯를 꾸미는 접두어
* **溶かす(とかす)** [동1] 녹이다, (물에) 타다
それだけ 그것만, 그것뿐
飲むように　して　いる 마시기로 하고 있다
〜しか ~밖에 ◀뒤에 부정표현이 온다.
〜たら ~(하)면
したら 하면

아이코 : 벌꿀밖에 안 먹어?

요시코 : 그래.

아이코 : 그런 다이어트를 하면 몸이 약해질 뿐이야.
꼬박꼬박 먹고 운동을 계속하면 반드시 날씬해진다니까.

요시코 : 그래도 벌꿀 다이어트는 효과가 있다고 해.
괜찮으면 아이코도 해 보면 (어때)?

아이코 : 나는 됐어. 요즘 모두들 너무 말랐다고 생각하지 않니?

요시코 : 그래도 모두들 말랐기 때문에, 나만 뚱뚱한 건 싫어.

단어 쏙쏙 익히기 31

* **弱い**(よわい) [イ형] 약하다
  体が 弱く なる だけよ 몸이 약해질 뿐이야
  きちんと 꼬박꼬박, 어김없이, 확실히
* **運動**(うんどう) 운동
  続けたら 계속하면
  スリムだ(slimだ) [ナ형] 슬림, 호리호리하다
  効果(こうか) 효과
  よかったら 좋다면, 괜찮으면
* **～ちゃん** ◀어린이나 친근한 사이의 어른 이름 뒤에 붙이는 호칭
* **やる** [동1] 하다
  やって みたら 해 보면 (어때), 해 보지
  いいわ 됐어
* **痩せる**(やせる) [동2] 마르다, 살이 빠지다
  痩せ過ぎ 너무 말랐음
* **嫌だ**(いやだ) [ナ형] 싫다, 바라지 않는다

문법 꽉꽉 다지기

01 〔동〕たら　　~하면 ▶ 가정 · 조건 ②

- 「~たら」는 과거완료의 조동사인 「~た」의 가정형이지만, 과거 · 현재 · 미래 어느 경우에나 쓸 수 있다.
- 「~たら」는 앞의 조건이 완료되면 뒤에 제시된 행동과 결과 등이 나타나는 확정 조건의 의미를 갖는다. 즉, 「Aたら Bだ」는 A가 일어난 후에 B의 상황이 일어난다는 의미이다. 접속 방법은 명사, イ형용사, ナ형용사, 동사의 보통체 과거형(た형)에 ら를 붙인다.
- 「~に 会ったら よろしく(お伝(つた)え ください)」는 '~을/를 만나면 안부 전해 주십시오' 라는 뜻으로, 거의 습관적으로 쓰인다.
- 일본어에서는 의문문에도 「?」를 붙이지 않는다. 그러나 의문을 나타내는 종조사 「か」로 끝나지 않는 의문문에는 「?」를 붙여도 된다.

そんな　ダイエットを　し**たら**、体(からだ)が　弱(よわ)く　なる　だけよ。
그런 다이어트를 하면, 몸이 약해질 뿐이야.

イさんに　会(あ)っ**たら**、お伝(つた)え　ください。
이(아무개)씨를 만나면, 안부 전해 주세요.

よかっ**たら**、あいこちゃんも　やって　み**たら**？
괜찮으면 아이코도 해 보지 그래?

あした　雨(あめ)だっ**たら**、私(わたし)は　行(い)きません。
내일 비가 오면, 나는 가지 않겠습니다.

02 〔동〕ように　して　います。　~하도록 하고 있습니다.
〔동〕ないように　して　います。　~하지 않도록 하고 있습니다.

- 「~ように」「~ない ように」는 원하는 바를 나타낼 때 사용한다.

それだけ　飲(の)む**ように　して　います**。
그것만 마시도록 하고 있어요.

甘(あま)い物(もの)は　食(た)べ**ないように　して　いる**。
단 것은 먹지 않도록 하고 있다.

朝(あさ)は　早(はや)く　起(お)きる**ように**　して　います。
아침에는 일찍 일어나도록 하고 있어요.

03 ～だけ　　～만, ～뿐, ～만큼 ▶ 정도 · 한도

- 「～だけ」는 명사나 동사, イ형용사, ナ형용사, 조동사 등에 붙는다.
- 정도를 나타내는 경우는 '~만큼, ~데까지'로, 한도(한정)를 나타내는 경우는 '~만, ~뿐'으로 해석하면 된다.

好(す)きな**だけ**　食べて。 좋아하는 만큼 먹어. ▶정도

それ**だけ**　飲むように　して　いるの。 그것만 마시도록 하고 있어. ▶한정

1時間(いちじかん)**だけ**　休(やす)みましょう。 한 시간만 쉽시다. ▶한정

04 ～しか　　～밖에 ▶ 한정

- 「～しか」는 항상 뒤에 부정표현이 온다.
- 「동사＋しか ありません」은 달리 방법이 없어 그렇게 밖에 할 수 없는 경우에 쓴다.

はちみつ**しか**　食べないの？ 벌꿀밖에 안 먹는다구?

お金(かね)は　千円(せんえん)**しか**　持(も)って　いない。 돈은 천 엔밖에 가지고 있지 않다.

私が　行く**しか**　ありません。 내가 갈 수 밖에 없습니다.

문법 꽉꽉 다지기

05 남성어와 여성어, 반말투

- 일본어에도 우리말과 마찬가지로, 남성과 여성이 쓰는 단어나 어미가 따로 있다.
- 젊은 층에서는 남성어와 여성어를 구분하지 않고 쓰기도 한다.
- 일본 드라마나 광고에서 자주 대하겠지만, 초급 단계에서 굳이 남성어와 여성를 맞춰 사용하려고 애쓸 필요는 없다.
- 우리말에서도 친한 사이에서는 반말투를 사용한다. 일본어도 마찬가지이다. 반말투는 보통체, 즉 「～です, ～ます, ～でした, ～ました」가 아닌 말이며, 뒤에 특수한 종조사 「～の, ～わ, ～よ, ～ぞ, ～な」를 붙이기도 한다.

こっち（こちら）から　ファウルは　する**な**。 ▶ 남성어 → 금지
우리쪽에서 파울은 하지 마라.

絶対(ぜったい)　勝(か)つ**ぞ**。 ▶ 남성어 → 다짐
반드시 이긴다.

買(か)って　おいた**わよ**。 ▶ 여성어
사 두었어.

食べないように　して　いる**の**。 ▶ 여성어
먹지 않기로 하고 있거든.

夜勤(やきん)과 야근

법으로 하루 8시간만 일하라고 정해져 있어도 방송국, 신문사, 은행 등에서는 야근이 만만치 않다. 은행원인 박우람 씨가 나가타 씨에게 '월말엔 바쁘다, 어제도 야근했다'고 말했다. 야근을 일본어로 やきん이라고 했는데, 뜻은 우리말과 전혀 다르다. やきん은 해 있는 낮에 근무하는 にっきん의 반대말로, 밤시간에 근무하는 것이다. 간호사나 공장 근로자, 밤손님(?) 등이 やきん하는 사람이다. 일반 샐러리맨이 퇴근 시간 지나서 일하는 건 やきん이 아니고, 남은 업무를 처리한다는 뜻에서 잔업, 残業(ざんぎょう)라 한다.

실력 팍팍 키우기

01 보기와 같이 말해 보자.

보기 ▸▸ ダイエットを　する。
➡ ダイエットを　したら、体が　弱く　なります。

(1) 

雨だ。

➡ ＿＿＿＿＿＿＿＿＿＿、行かないように　します。

(2) 

よい。

➡ ＿＿＿＿＿＿＿＿＿＿、たくさん　食べて　ください。

(3) 

英語が　下手だ。

➡ ＿＿＿＿＿＿＿＿＿＿、話さないで　ください。

(4) 

キムさんに　会う。

➡ ＿＿＿＿＿＿＿＿＿＿、よろしく　お願いします。

02 다음을 일본어로 옮겨 보자.

(1) 

어떤 다이어트를 시작했습니까?

➡ ＿＿＿＿＿＿＿＿＿＿＿＿＿＿＿＿＿＿＿＿。

(2) 

아침에는 물과 커피만을 마시도록 하고 있습니다.

➡ ＿＿＿＿＿＿＿＿＿＿＿＿＿＿＿＿＿＿＿＿。

(3)  꼬박꼬박 먹고 매일 운동을 계속하면 몸이 날씬해집니다.

➡ ____。

03 CD의 내용을 받아 쓰고 대답해 보자. 32

(1) ____。

Q : ____。

A : ____。

(2) ____。

Q : ____。

A : ____。

속담 관용구 (1)

- 朝飯前(あさめしまえ)。 깨어나 아침밥 먹기 전에 해치울 수 있는 쉬운 일. (식은 죽 먹기.)
- 明日(あした)は　明日の　風(かぜ)が　吹(ふ)く。 내일은 내일의 바람이 분다
- 穴(あな)が　あったら　入(はい)りたい。 구멍이 있다면 들어가고 싶다. (쥐구멍에라도 숨고 싶다.)
- あばたも　えくぼ。
  곰보자국도 보조개로 보인다. (제 눈에 안경.)

- 雨(あめ)　降(ふ)って　地(じ)　固(かた)まる。 비 온 뒤에 땅이 굳어진다.
- あわてる　乞食(こじき)は　もらいが　すくない。
  허둥대는 거지는 동냥거리도 적다. (잠시 눈앞의 이익을 좇아서 허둥대지 마라.)
- 石(いし)の上(うえ)にも　3年(ねん)。
  돌 위라도 3년만 앉아 있어라. (어렵고 힘든 일이라도 3년을 참고 견디면 결과를 볼 수 있다.)
- 石橋(いしばし)を　たたいて　渡(わた)る。 돌다리도 두드려 보고 건넌다.
- 一(いち)を　聞(き)いて　十(じゅう)を　知(し)る。 하나를 들으면 열을 안다.

- 馬(うま)の　耳(みみ)に　念仏(ねんぶつ)。 말 귀에 염불. (소 귀에 경읽기.)
- 売(う)り　言葉(ことば)に　買(か)い　言葉。
  파는 말에 사는 말. (가는 말이 고와야 오는 말이 곱다.)
- えびで　たいを　釣(つ)る。 새우로 도미를 낚다. (되로 주고 말로 받는다.)
- 鬼(おに)に　金棒(かなぼう)。 도깨비에게 금방망이 (원래 강한데 더욱 강해짐.)

일본학 다가가기

- 親(おや)の　光(ひか)りは　七光(ななひか)り。　부모 덕에 대접받는다. 부모 덕에 힘 안 들이고 성공한다.

- 壁(かべ)に　耳(みみ)あり、障子(しょうじ)に　目(め)あり。

  벽에는 귀가 있고, 장지문에는 눈이 있다.

  (낮말은 새가 듣고, 밤말은 쥐가 듣는다.)

- 猿(さる)も　木(き)から　落(お)ちる。

  원숭이도 나무에서 떨어진다.(능숙하게 잘 하는 사람이라도 실수할 때가 있다.)

- 口(くち)は　禍(わざわい)の　門(もん)。　입은 화를 불러들이는 문이다.

- 郷(ごう)に　入(い)っては　郷に　従(したが)え。　마을에 가면 그 마을의 법에 따르라. (로마에 가면 로마법을 따르라.)

일본의 덮밥

두꺼운 사발에 밥을 넣고 건더기를 올린 우리나라의 덮밥과 같은 것을 「丼(どんぶり)」라고 하는데요, 대부분 가격이 저렴하고 간편하게 먹을 수 있어 일본인들이 즐겨먹습니다. 대표적인 것으로는 닭고기와 계란을 올린 「親子丼(おやこどん)」, 소고기를 올린 「牛丼(ぎゅうどん)」, 튀김과 간장을 올린 「天丼(てんどん)」, 돈까스를 올린 「カツ丼」 등이 있습니다. 특히 「牛丼」은 영양가도 많고 「吉野家(よしのや)」나 「松屋(まつや)」와 같은 체인점에서 저렴한 가격에 판매 되고 있어서 많은 사람들이 애용하고 있는데요, 요즘엔 쇠고기 파동으로 인해, 돼지고기를 넣은 「ぶた丼」으로 대체되기도 한답니다.

한정의 의미를 가진 だけ가 쓰인 できるだけ는 '할 수 있는 만큼' '가능한 한'이란 뜻으로서 자주 쓰이는 말입니다.

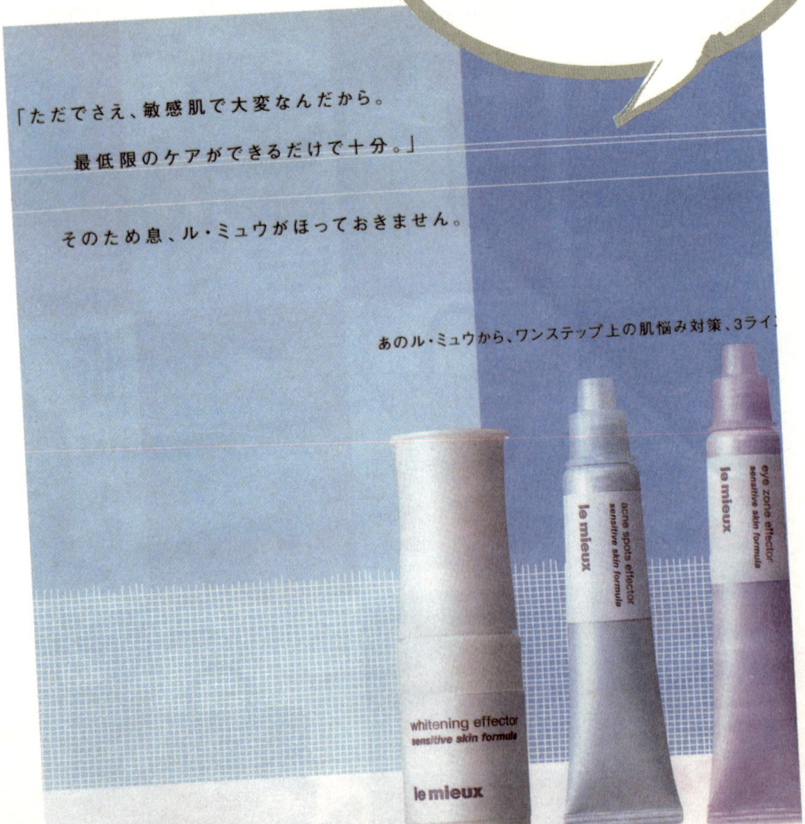

09

パソコンが できる そうです。

컴퓨터를 할 수 있다고 합니다.

주요 문법내용

- 〔동〕ことが　できる
- 〔동〕ば〈가정 · 조건〉
- 〔동〕て　しまう

Warming up

簡単(かんたん)だ　使(つか)う　同(おな)じだ　利用(りよう)　情報(じょうほう)　集(あつ)める　要(い)る

外回(そとまわ)り　返事(へんじ)　困(こま)る

パソコン(personal computer)　ノートパンコン　デスクトップ(desktop)

회화 술술 말하기 1 33

A：ひろしさん。パソコン　だめだったのに、今(いま)(で)は　何(なん)でも　できるそうですね。

B：ええ。今の　パソコンは　子供(こども)でも　簡単(かんたん)に　使(つか)う　ことが　できるんです。

ビデオを　使うのと　同(おな)じぐらいですね。

A：インターネットも　利用(りよう)して　いるんですか。

B：もちろんです。世界(せかい)からの　情報(じょうほう)を　集(あつ)めるのに　もってこいですからね。

ひろし [인] 히로시 ◀일본 남자의 이름
パソコン(personal computer) 퍼스널 컴퓨터
* **だめだ** [ナ형] 못 하다, 소용없다
パソコンが　だめだ 컴퓨터를 못한다
～のに ~인데
だめだったのに 못 했었는데, 안 됐었는데
今は(いまは) 지금은
何でも(なんでも) 뭐든지
今は(いまは) 지금은
* **簡単だ**(かんたんだ) [ナ형] 간단하다
簡単に 간단하게
* **使う**(つかう) [동1] 사용하다

A : 히로시 씨, 컴퓨터를 못 했었는데 지금은 뭐든지 할 수 있다면서요?

B: 네, 요즘 컴퓨터는 어린아이라도 간단히 사용할 수 있거든요.
비디오를 사용하는 것과 마찬가지(같은 정도)예요.

A : 인터넷도 이용하고 있나요?

B: 물론이죠. 세계로부터 정보를 모으는 데는 안성맞춤이니까요.

단어 쏙쏙 익히기 34

~ことが　できる ~을/를 할 수 있다

同じだ(おなじだ) [ナ형] 같다, 똑같다 ◀同じだ는 연체형에 な가 붙지 않는 특수한 ナ형용사이므로 주의한다.

예 같습니다　同じです
같지 않습니다 同じでは　ありません
같은 컴퓨터　同じ　パソコン(○)
同じな　パソコン(×)

* **利用**(りよう) 이용

* **もちろん** 물론

情報(じょうほう) 정보

* **集める**(あつめる) [동2] 모으다, 수집하다

~のに ~(하)는 데는, ~(하)기에

もってこい 안성맞춤, 꼭 알맞음

회화 술술 말하기 ② 35

A：ノートパソコンを　買(か)うんですか。

B：ええ、安(やす)ければ　買う　つもりです。

A：デスクトップは　買わないんですか。

B：ええ、ノートパソコンが　あれば、要(い)らないでしょう。

A：そうですね。外回(そとまわ)りの時、メールが　きても　チェックが　できなくて　いらいらする　だけですからね。すぐ　返事(へんじ)を　出すことが　できないので　困(こま)ってしまいます。

* **ノートパンコン**　노트북
〜ば　~(하)면
安ければ　싸면

デスクトップ(desktop)　데스크탑
* **要る**(いる)　[동1] 필요하다
外回り(そとまわり)　외근

A : 노트북을 살 겁니까?

B : 네, 싸면 살 생각입니다.

A : 데스크탑은 사지 않습니까?

B : 네, 노트북이 있으면 필요없지요.

A : 그래요. 외근 중에 메일이 와도 체크 할 수 없어서 안절부절 못할 뿐이예요.
바로 답장을 보낼 수도 없어서 곤란해져버립니다.

단어 쏙쏙 익히기 36

* メール(mail) 메일
* チェック(check) [동1] 체크
いらいらする [동3] 안절부절 못하다
* 困る(こまる) [동1] 곤란하다, 난처하다
～だけです ~(할) 뿐입니다
* 返事(へんじ) 답, 대답, 답장
返事を 出す 답을 보내다

문법 꽉꽉 다지기

01

[동]＋ ことが　できます。	~할 수 있습니다.
[동]＋ ことは　できません。	~할 수 없습니다.

- 「동사의 기본형＋ことが できる」는 '~을/를 할 수 있다' 의 뜻으로, 가능을 나타내는 표현이다.

パソコンは　子供(こども)でも　簡単(かんたん)に　使(つか)う　**ことが　できます。**
컴퓨터는 어린아이라도 간단히 사용할 수 있어요.

日本語(にほんご)で　手紙(てがみ)を　書(か)く　**ことが　できます。**
일본어로 편지를 쓸 수 있어요.

料理(りょうり)は　何(なに)も　できない。でも、インスタント・ラーメンぐらいは
作(つく)る　**ことが　できる。**
요리는 아무것도 못 한다. 그렇지만, 인스턴트 라면 정도는 만들 수 있다.

02 ~ば　　~하면 ▶ 가정 · 조건 ③

- 「~ば」는 앞에 어떤 조건이 오면 뒤에 당연한 결과가 온다는, 즉 어떤 일이 성립되기 위한 조건을 나타내며, '~(하)면' 이라는 뜻이다.
- ナ형용사와 명사의 ば형은 어간 뒤에 「~で あれば」「~で なければ」를 사용하는 경우도 있지만, 「~なら(ば)」「~では(じゃ) なければ」쪽이 더 많이 사용된다.
- 속담의 '~(하)면' 은 흔히 「~ば」가 사용된다

동사		
	[1그룹] 기본형 끝을 「え段」음으로 바꾸고 「ば」를 붙임	いく(가다) ➡ いけば(가면)　(かきくけこ) はなす(이야기하다) ➡ はなせば(이야기하면)　(さしすせそ) いかない(가지 않다) ➡ いかなければ(가지 않으면)
	[2그룹] ます형에 「れば」를 붙임	おきる (일어나다) ➡ おきれば (일어나면) たべる (먹다) ➡ たべれば (먹으면) おきない(일어나지 않다) ➡ おきなければ(일어나지 않으면)

	[3그룹] 외운다	くる (오다)	➡ くれば (오면)
		こない (오지 않다)	➡ こなければ (오지 않으면)
		する (하다)	➡ すれば (하면)
		しない (하지 않다)	➡ しなければ (하지 않으면)
イ 형용사	어미 「い」를 「けれ」로 바꾸고 「ば」를 붙임	やすい (쉽다)	➡ やすければ (쉬우면)
		よい (좋다)	➡ よければ (좋으면)
		ない (없다)	➡ なければ (없으면)
		やすく　ない (싸지 않다)	➡ やすく　なければ (싸지 않으면)
ナ 형용사 · 명사	보통체의 어미 「だ」를 「なら」로 바꾸고 「ば」를 붙임	新鮮だ (신선하다)	➡ 新鮮ならば (신선하다면)
		新鮮じゃ　ない (신선하지 않다)	➡ 新鮮じゃ　なければ (신선하지 않으면)
		便利だ (편리하다)	➡ 便利ならば (편리하다면)
		便利じゃ　ない (편리하지 않다)	➡ 便利じゃ　なければ (편리하지 않으면)
		先生だ (선생님이다)	➡ 先生ならば (선생님이라면)
		先生では　ない (선생님이 아니다)	➡ 先生で　なければ (선생님이 아니면)

練習(れんしゅう)**すれば**　だれでも　できますよ。

연습하면 누구라도 할 수 있어요.

ノートパソコンが　**あれば**　デスクトップは　要(い)らない。

노트북이 있으면 데스크톱은 필요없다.

ちりも　積(つ)**もれば**　山(やま)と　なる。

먼지도 쌓이면 산이 된다(티끌 모아 태산).

安(やす)**ければ**　買(か)う　つもりです。

싸면 살 작정입니다.

天気(てんき)が　**よければ**、ピクニックに　行(い)く。

날씨가 좋으면, 소풍을 간다.

03 〔동〕+ のに　　~하는 데 ▶ 목적 · 수단

- 「동사의 기본형+のに」는 우리말의 '~(하)는 데~' 라는 뜻으로, 그에 관련된 사실이나 목적, 수단을 나타낼 경우에 사용된다.

インターネットは、　情報(じょうほう)を　集(あつ)める**のに**　もってこいです。
인터넷은 정보를 모으는 데 안성맞춤이에요.

はじめは　パソコンを　習(なら)う**のに**　苦労(くろう)した。
처음에는 컴퓨터를 배우는 데 고생했다.

結婚(けっこん)する**のに**　お金(かね)が　なくて　困(こま)って　います。
결혼하는 데 돈이 없어서 곤란해요.

04 ~だけ　　~만, ~뿐 ▶ 한정

- 「~だけ」는 '~만, ~뿐' 이라는 한정의 의미로 사용되며, 「~だけです」는 '~하기만 합니다, ~할 뿐입니다' 라는 뜻으로, 오직 그 동작과 상태 말고는 없다는 한정의 의미를 나타낼 경우에 사용된다.

外回りの　時、メールが　きても　チェックが　できなくて
いらいらする　**だけ**です。
외근중에 메일이 와도 체크를 할 수 없어서 안절부절 못할 따름입니다.

りんごを　二(ふた)つ**だけ**　ください。
사과를 두 개만 주세요.

この　仕事(しごと)が　できるのは　キムさん**だけ**です。
이 일을 할 수 있는 사람은 김(아무개)씨뿐입니다.

できる**だけ**　がんばって　みましょう。
가능한 한 분발해 봅시다.

05 〔동〕て　しまいます。　~해 버립니다, ~하고 맙니다.

- 「~て しまう」는 두 가지 뜻이 있다.
  ① 어떤 행동을 완료했을 경우 : ~해 버리다
  ② 유감을 나타내는 경우 : ~하고 말다

いらいらして　しまいます。
안절부절 못해요.

宿題(しゅくだい)を　全部(ぜんぶ)　やって　しまいました。
숙제를 전부 해 버렸습니다.

おもしろかったので、　寝(ね)ないで　読(よ)んで　しまいました。
재미있어서 자지 않고 읽어 버렸습니다.

うちの　猫(ねこ)が　どこかへ　行って　しまいました。
우리집 고양이가 어딘가로 가 버렸습니다.

その　夫婦(ふうふ)は　結局(けっきょく)、別(わか)れて　しまった　そうです。
그 부부는 결국 헤어지고 말았다고 해요.

お土産(みやげ)와 선물

선물을 내민 강아무개 씨에게 와다 양의 대답이 엉뚱하다. 웬 고향? 웬 여행? 강아무개는 어리둥절. みやげ나 접두사 お를 붙인 おみやげ를 그저 '선물'이라고만 풀이해 놓은 사전이 많다. 그러나 모든 선물이 おみやげ는 아니다. 우리나라도 유명 관광지나 휴양지에 가면 으레 토산품점이 있다. 이런 데서 사온 선물, 즉 국내 여행이든 해외 여행이든 여행지에서 사오는 선물만이 おみやげ다. 생일 선물이나 크리스마스 선물 등은 외래어 그대로 プレゼント라고 하거나 おくりもの라 해야 한다.

01 보기와 같이 말해 보자.

> 보기 ▶▶ 日本語で　手紙を　書く。
> ➡ 日本語で　手紙を　書く　ことが　できます。

(1) 

ケーキを　作る。

➡ ________________________________。

(2) 

朝　5時に　起きる。

➡ ________________________________。

(3) 

あした　ここに　来る。

➡ ________________________________。

(4) 

簡単に　パソコンを　使う。

➡ ________________________________。

02 보기와 같이 말해 보자.

> 보기 ▶▶ 漢字を　見る。意味は　全部　わかる。
> ➡ 漢字を　見れば　意味は　全部　わかる。

(1) 

この　仕事が　早く　終わる。遊びに　行く。

➡ ________________________________。

(2) 

天気が　いい。ピクニックに　行く。

➡ ________________________________。

(3)  寒い。ストーブを　使っても　いい。

➡ ＿＿＿＿＿＿＿＿＿＿＿＿＿＿＿＿＿＿＿＿。

(4)  早く　寝る。早く　起きる。

➡ ＿＿＿＿＿＿＿＿＿＿＿＿＿＿＿＿＿＿＿＿。

03 CD의 내용을 받아 쓰고 대답해 보자. 37

(1) [何でも　できる]

Q : ＿＿＿＿＿＿＿＿＿＿＿＿＿＿＿＿＿＿＿＿。

A : ＿＿＿＿＿＿＿＿＿＿＿＿＿＿＿＿＿＿＿＿。

(2) [情報を　集める]

Q : ＿＿＿＿＿＿＿＿＿＿＿＿＿＿＿＿＿＿＿＿。

A : ＿＿＿＿＿＿＿＿＿＿＿＿＿＿＿＿＿＿＿＿。

(3) [ノートパソコン]

Q : ＿＿＿＿＿＿＿＿＿＿＿＿＿＿＿＿＿＿＿＿。

A : ＿＿＿＿＿＿＿＿＿＿＿＿＿＿＿＿＿＿＿＿。

물건마다 소비세가 붙는다고요?

일본의 1엔은 우리나라 돈으로 10원 정도인데요, 우리 나라 사람들이 10원 짜리를 잘 갖고 다니지 않고 잘 사용하지 않는 것에 비해, 일본인들은 동전지갑을 갖고 다니는 사람들이 많으며 그 안에 1엔, 5엔, 10엔 짜리들이 많이 들어있답니다. 이것은 우리나라와 달리 일본에는 일반 상품에 부가가치세가 보함되어 있지 않아서 상품을 구입할 때 상품 가격의 5%에 해당하는 소비세 「消費税(しょうひぜい)」를 따로 내야 하기 때문에 동전이 많이 필요하기 때문입니다. 일본에서도 상품에 소비세가 포함되어 있는 경우가 있는데요, 이럴 때는 물건에 「税金込み(ぜいきんこみ) : 세금포함」라고 써 있답니다.

10

無理しない ほうが いいですよ。

무리하지 않는 편이 좋아요.

주요 문법내용

- 〔동〕た ほうが いい／〔동〕ない ほうが いい
- 〔동〕やすい／〔동〕にくい
- ～なら

Warming up

顔色(かおいろ)　やる気(き)　薬(くすり)　手伝(てつだ)う　無理(むり)　太(ふと)い　持(も)つ　細(ほそ)い

遅(おく)れる　帰(かえ)る

クォン(권)　ペン(pen)

회화 술술 말하기 1 38

A：クォンさん、どうしたんですか。
顔色(かおいろ)が　悪(わる)いですね。

B：二日酔(ふつかよ)いで、何(なに)も　やる気(き)が　おきません。

A：しようが　ないですね。はい、この　薬(くすり)を　飲(の)んだ　ほうが　いいですよ。

B：ありがとう。

A：仕事(しごと)は　私(わたし)が　手伝(てつだ)いますから、あまり　無理(むり)しない　ほうが　いいですよ。

クォン [인] 권 ◀ 한국인의 성
どうしたんですか 어떻게 된 거예요? 무슨 일이에요?
顔色(かおいろ) 안색, 얼굴색
顔色が　悪い 얼굴색이 안 좋다
やる気(やるき) 의욕, 할 기분
やる気が　おきません 의욕이 안 납니다, 하고 싶지 않아요
しようが　ない 할 수 없다, 어쩔 수 없다
はい 자, 여기요 ◀ 돈이나 물건을 건네 줄 때 쓰는 말
* **薬**(くすり) 약

A: 권(아무개)씨, 어떻게 된 거예요?

안색이 안 좋아요.

B: 숙취 때문에 아무것도 할 의욕이 안 나요.

A: 할 수 없군요. 자, 이 약을 마시는 편이 좋겠어요.

B: 고마워요.

A: 일은 제가 도울 테니까, 너무 무리하지 않는 편이 좋겠어요.

단어 쏙쏙 익히기 39

薬を　飲む 약을 먹다

～た　ほうが　いい ~하는 게 좋다, ~하는 편이 낫다

ありがとう 고마워요

* **手伝う**(てつだう) [동1] 돕다

* **あまり** 별로, 그다지 ◀뒤에 부정문이 온다.

* **無理**(むり) 무리

～ない　ほうが　いい ~(하)지 않는 편이 낫다

A：その　ペン、使(つか)いやすいですか。

B：いいえ、太(ふと)くて　私には　持(も)ちにくいですね。

A：細(ほそ)いのが　いいなら　これを　使(つか)って　みて　ください。

B：あ、こっちの　ほうが　ずっと　書(か)きやすいですね。

* ペン(pen)　펜
* ～やすい　~(하)기 쉽다, ~(하)기 좋다
  使いやすい　쓰기 좋다, 사용하기 쉽다
* 太い(ふとい)　[イ형] 두껍다
* 持つ(もつ)　[동1] 쥐다, 들다, 가지다
* ～にくい　~(하)기 어렵다, ~(하)기 힘들다, ~(하)기 불편하다

A : 그 펜, 쓰기 쉬운가요?

B : 아뇨, 두꺼워서 나한테는 쥐기 힘들어요.

A : 가는 것이 좋다면 이걸 사용해 보세요.

B : 아, 이쪽이 훨씬 쓰기 쉽군요.

단어 쏙쏙 익히기 41

持ちにくい 쥐기 불편하다
の 것
~なら ~(하)면
こっち 이쪽 ◀こちら의 준말
* **ずっと** 훨씬
書きやすい 쓰기 쉽다

A：約束(やくそく)に　遅(おく)れそうですね。

B：それなら　メモを　書いて　おいた　ほうが　いいでしょう。

彼女(かのじょ)、　待(ま)たずに　帰(かえ)って　しまうかも　しれませんよ。

A：それより　遅れると　いう　電話(でんわ)を　かけた　ほうが　よさそうですね。

* **遅れる**(おくれる) [동2] 늦다

それなら 그렇다면

～ずに ~(하)지 않고, ~(하)지 말고

* **帰る**(かえる) [동1] 돌아가다, 돌아오다

A : 약속에 늦을 것 같아요.

B : 그렇다면 메모를 써 두는 편이 좋을 거예요.
그녀가 기다리지 않고 돌아가 버릴지도 몰라요.

A : 그것보다 늦는다는 전화를 하는 편이 좋을 듯 하군요.

단어 쏙쏙 익히기 43

~かも　しれません ~ㄹ지도 모릅니다

それより 그것보다

~と　いう ~라고 하는

문법 꽉꽉 다지기

01

〔동〕た　ほうが　いい　　~하는 편이 좋다, ~하는 것이 좋다

〔동〕ない　ほうが　いい　　~하지 않는 편(것)이 좋다

- 「~た ほうが いいです」는 '~하는 편이 좋습니다, ~하는 게 좋습니다' 라는 뜻으로, 충고나 조언을 할 때 많이 사용한다. 동사의 보통체 과거형에 「ほうが いいです」가 연결된 형태인데, 과거형이 쓰였다고 해서 과거의 일로 생각하면 안 된다.
- '~하지 않는 게 좋습니다' 라고 할 때는 「~ない ほうが いいです」라고 한다.

この　薬(くすり)を　飲(の)んだ　ほうが　いいですよ。
이 약을 먹는 게 좋아요.

休(やす)んだ　ほうが　いいんじゃ　ありませんか。
쉬는 게 좋지 않겠어요?

無理(むり)しない　ほうが　いいですよ。
무리하지 않는 편이 좋아요.

見舞(みま)いには　行(い)った　ほうが　いいけど、花(はな)は　持(も)って　いかない　ほうが　いいですよ。
병문안은 가는 게 좋지만, 꽃은 가져가지 않는 편이 좋아요.

02

〔동〕ます형 + やすい　　~하기 편하다, ~하기 좋다, ~하기 쉽다

〔동〕ます형 + にくい　　~하기 힘들다, ~하기 나쁘다, ~하기 어렵다

- 동사의 ます형에 「~やすい」가 붙으면 '~하기 쉽다, ~하기 편하다' 라는 의미가 되고, 「~にくい」가 붙으면 '~하기 어렵다, ~하기 힘들다' 라는 의미가 된다.

細(ほそ)い　ペンが　ずっと　書(か)き**やすい**です。
가는 펜이 훨씬 쓰기 좋습니다.

くつが　大(おお)きすぎて、歩(ある)き**にくい**です。
구두가 너무 커서, 걷기 힘들어요.

03 〔동〕ない형 + ず(に) ~하지 않고

- 「~ず」는 「~ない」의 고어로 지금도 문장체 등에서는 많이 쓰이고 있다.
- 「~ず」는 문장을 중지하는 역할을 하며, 이는 「~ないで」「~なくて」의 용법에 해당한다. 주로 「~ずに」의 형태로 많이 사용된다.
- 「する」에 접속하면 「せず」가 된다.

彼女(かのじょ)は　**待(ま)たずに**　帰(かえ)って　しまいました。
그녀는 기다리지 않고 돌아가 버렸습니다.

何(なに)も　**言(い)わずに**　泣(な)いて　いました。
아무말도 하지 않고 울고 있었습니다.

飲まず　**食(く)わず**、お金(かね)を　ためた。
마시지도 않고 먹지도 않고, 돈을 모았다.

仕事(しごと)を　**せずに**　遊(あそ)んで　いた。
일도 하지 않고 놀고 있었다.

04 ~なら ~면 ▶ 가정 · 조건④

- 「~なら」는 '~면' 이란 뜻으로, 화제를 제시하거나 상대방이 한 말을 되받아서 조건으로 할 경우에 사용된다.

細いのが　いい**なら**　これを　使(つか)って　みて　ください。
가는 것이 좋다면 이걸 사용해 보세요.

お見合(みあい)の　話(はなし)**なら**、もう　うんざりです。
맞선 이야기라면, 이젠 진절머리나요.

そんなに　有名(ゆうめい)**なら**、私(わたし)も　行って　みたいです。
그렇게 유명하다면, 나도 가 보고 싶습니다.

日本語(にほんご)を　勉強(べんきょう)する**なら**、　日本語学校(にほんごがっこう)に　行(い)った　ほうが　いい。
일본어를 공부한다면 일본어 학원에 가는 편이 좋다.

가정 · 조건표현 ～と／～たら／～ば／～なら

- 서로 바꾸어 사용할 수 있는 경우가 있다.
- 아래와 같이 사용할 수 없는 경우를 분명히 알아두자.

～と	① 과거형에는 접속되지 않는다. ② 뒤에 '의지 · 명령 · 의뢰 · 금지 · 권유 · 충고 · 희망' 의 의미를 갖는 표현은 사용할 수 없다.
～たら	① 「AたらBだ」는 A가 행해진 후에 B의 상황이 일어난다고 하는 의미로, 뒤에는 어떠한 의미의 문장을 사용해도 상관없다.
～ば	① 과거형에는 접속되지 않으며, 뒤에도 과거형을 사용할 수 없다. ② 동작을 나타내는 동사에 접속된 경우, 뒤에 '의지 · 명령 · 의뢰 · 금지 · 권유 · 충고 · 희망' 의 의미를 갖는 표현을 사용할 수 없다. (상태를 나타내는 동사에 접속된 경우에는 뒤에 어떠한 의미의 문장을 사용해도 상관없다.)
～なら	① 「～たら」와는 시간의 전후가 반대이다. 「AならBだ」는 A가 행해지기 전에 B가 우선이라고 하는 의미가 된다. ② 화제를 제시하거나 상대방이 한 말을 조건(전제)으로 할 경우에도 사용한다.

コップ와 カップ

아직도 포장마차 같은 데 가면 '아줌마 곱푸 2개' '여기 쏘주 한 곱푸만!' 하는 말들을 심심찮게 듣는다. コップ는 네덜란드말 kop에서 왔다. 일본은 옛부터 네덜란드나 포르투갈 같은 나라와 교역이 성행했다. 그래서 일본어에는 유럽 말들이 꽤 많은데 コップ나 てんぷら(포르투갈), カステラ(포르투갈)도 마찬가지 경우다.

コップ는 손잡이가 달리지 않은 컵을 말한다. 그리고 커피잔처럼 생기고 손잡이가 달린 컵은 カップ라고 한다. 이것은 영어의 cup에서 왔다. 커피잔은 コーヒーカップ, 홍차잔은 こうちゃカップ가 된다. グラス는 맥주잔이나 양주잔처럼 손잡이가 없이 유리로 된 잔을 가리킨다. 같은 유리잔이라도 양주나 와인 따위를 마시는 건 グラス, 가정에서 우유나 물을 마실 때 사용하는 건 コップ다. 또 녹차나 현미차를 마실 때 사용하는 도기나 자기로 된 찻잔은 湯(ゆ)のみ라고 한다.

실력 팍팍 키우기

01 보기와 같이 말해 보자.

> 보기 ▸▸ 山だ。 富士山です。
> ➡ 山なら　富士山です。

(1) 

キムさんだ。私が　よく　知って　います。

➡ ______________________________。

(2) 

暑いです。窓を　開けて　ください。

➡ ______________________________。

(3) 

好きです。もう　一つ　どうぞ。

➡ ______________________________。

(4) 

日本語を　習う。早い　ほうが　いい。

➡ ______________________________。

02 보기와 같이 말해 보자.

> 보기 ▸▸ 薬を　飲む。 ➡ 薬を　飲んだ　ほうが　いいですよ。
> ➡ 薬は　飲まない　ほうが　いいですよ。

(1) 

ピザを　食べる。

➡ ______________________________。

➡ ______________________________。

(2) 

ここで　待つ。

➡ ______________________________。

➡ ______________________________。

(3)  電車に　乗る。

➡ ______________________________。

➡ ______________________________。

(4)  早く　帰る。

➡ ______________________________。

➡ ______________________________。

03 다음을 일본어로 옮겨 보자.

(1)  펜이 굵어서 쓰기 힘듭니다.

➡ ______________________________。

(2)  일도 하지 않고 놀고 있습니다.

➡ ______________________________。

04 CD의 내용을 받아 쓰고 대답해 보자. 44

(1) [二日酔い]

Q : ______________________________。

A : ______________________________。

(2) [薬を　飲む]

Q : ______________________________。

A : ______________________________。

(3) [細い　ペン]

Q : ______________________________。

A : ______________________________。

일본여자 이름에는 왜 「子(こ)」가 많을까요?

일본 여자 이름 중에는 「晶子(あきこ)」나 「春子(はるこ)」같이 「~子(こ)」라는 이름이 많은데요, 특히, 일본천황 가족 중 여자의 이름에는 반드시 「子」가 들어갑니다. 「~子」에는 「예쁜 것」이라는 뜻이 있어서 明治時代(めいじじだい)까지는 천황가족이나 귀족, 무사 가족 등 높은 사람들의 이름에만 사용할 수 있었다고 하는데요, 여자 이름에 「子」가 들어가면 좋다고 하여 딸의 이름에 많이 쓰게 된것입니다. 우리나라 어른들 이름에 '자' 자가 많고 지금은 조금 촌스럽게 느껴지는 것처럼, 일본에서도 요즘에는 예전보다 많이 쓰지는 않지만, 지금도 일본인들에게 「子」가 붙은 이름은 귀하고 소중한 느낌을 준답니다.

참고로 2005년에 조사된 가장 인기 있는 아이의 이름에서 여자 1위는 「未来(みらい)」, 2위는 「優(ゆう)」, 3위는 「美羽(みわ)」였고, 남자는 1위가 「連(れん)」, 2위는 「優太(やうた)」, 3위가 「大輝(たいき)」였습니다.

~なら는 '~라면' 이라는 가정 · 조건의 의미를 나타냅니다. 뜻이 비슷하지만 다르게 사용되는 と · ば · たら와 비교하면서 사용하세요.

料理(りょうり)と食(た)べ物(もの)　요리와 음식

屋台(やたい) 포장마차	看板(かんばん) 간판	メニュー 메뉴
お好(こ)み焼(や)き 오코노미야끼	焼(や)き鳥(とり) 닭꼬치	たこやき 문어구이
まな板(いた) 도마	すし 초밥	お客さん 손님

おにぎり 주먹밥

みそしる 된장국

どんぶり 덮밥

カレーライス 카레라이스

漬(つ)け物(もの) 일본식 김치

オムライス 오므라이스

納豆(なっとう) 낫토

すきやき 스끼야끼

刺身(さしみ) 생선회

トンカツ 돈까스

しゃぶしゃぶ 샤브샤브

실력 팍팍 키우기 해답

01 <<

1. (1) 決めた／決めろ (2) した／しろ・せよ (3) 会った／会え
(4) 話した／話せ (5) 飲んだ／飲め (6) 見た／見ろ
(7) 来た／こい (8) まった／まて (9) がんばった／がんばれ
(10) 行った／行け

2. (1) 応援席では　がんばれと　大声で　応援を　して　います。
(2) 監督は　選手達に　しっかり　しろと　言って　います。
(3) 先生は　早く　こいと　言いました。
(4)「ここで　止まれ」と　書け。

3. (1) こちちから　絶対に　ファウルを　するな。
Q : 何を　しては　いけないんですか。
A : ファウルを　しては　いけません。
(2) ワン選手を　しっかり　守れ。
Q : だれを　守るんですか。
A : ワン選手を　しっかり　守ります。
(3) 日本側の　応援席、ぎっしりと　埋まって　います。
Q : 日本側の　応援席は　何で　埋まって　いますか。
A :（日本を　応援する）人で　埋まって　います。

02 <<

1. (1) 日曜日は　洗濯を　したり、掃除を　したり　します。
(2) 友達に　会ったり、買い物に　行ったり　します。
(3) パーティーで　ケーキを　食べたり、お酒を　飲んだり　しました。
(4) 電車に　乗ったり、タクシーに　乗ったり　します。

2. (1) さとうさん、やせましたね。
(2) 日本語の　勉強の　仕方が　よく　わかりません。
(3) 5時までに　この　仕事を　して　ください。
(4) ダイエットに　成功するのは　大変　難しいです。

3. (1) Q : パクさんは　この頃　何を　習って　いますか。
A : ケーキの　作り方を　習って　います。
(2) Q : どうして　ケーキの　作り方など　習うんですか。
A : 趣味で　習うんです。

(3) Q : パクさんは　何を　はじめたいと　考えて　いるんですか。

A : 自分の　店を　はじめたいと　考えて　います。

(4) Q : チョンさんも　脱サラを　考えて　いるんですか。

A : ええ、　そうです。

03 <<

1. (1) 勉強を　してから　テレビを　見ます。

(2) みんな　降りてから　乗って　ください。

(3) 風邪が　治ってから　手紙を　書きます。

2. (1) 今日は　風邪なので　会社を　休みました。

(2) キムチが　おいしいので　たくさん　食べました。

(3) この　店は　親切なので　お客さんが　多いです。

3. (1) 頭も　痛いし、熱も　あるし、体が(또는 体も)　だるいです。

(2) 仕事も　したいし、結婚も　したいし、旅行も　したいです。

(3) お金も　ないし、バスも　来ないし、足も　痛いです。

4. (1) Q : ヨーロッパの　国々は　景色も　きれいだし、食べ物も　おいしかったです。

A : 유럽의 나라들은 경치도 아름답고 음식도 맛있었습니다.

(2) Q : 有名な　セーヌ川の　遊覧船にも　乗って　みました。

A : 유명한 세느 강의 유람선도 타 보았습니다.

(3) Q : スペイン語が　できないので、下手な　英語で　がんばりました。

A : 스페인 어를 할 줄 몰라서, 서툰 영어로 분투했습니다.

04 <<

1. (1) 日本語が　書いて　あります。

(2) 窓が　開けて　あります。

(3) 絵が　かけて　あります。

2. (1) ここは　禁煙ですから、たばこを　吸わないで　ください。

(2) 危ないですから、気を　つけて　ください。

(3) 大丈夫ですから、あまり　心配しないで　ください。

(4) 雨が　降って　いますから、ここで　待って　いて　ください。

3. (1) お客さんが　来ますから、ビールを　買って　おきました。
   (2) 毎日　残業したり、接待で　遅く　なったり　して　いるからです。

4. (1) Q : 机の　上に　何と　メモして　ありますか。
   A : 「ピカソで　待って　います」と　書いて　あります。
   (2) Q : 時間の　ことは　書いて　ありませんか。
   A : はい、時間の　ことは　書いて　ありませんよ。
   (3) Q : カメラは　どこに　しまって　ありますか。
   A : 引き出しの　中に　しまって　あります。

05 <<

1. (1) まだ　食事前だ　そうです。
   (2) キムさんは　日本語が　上手だ　そうです。
   (3) きのう　ヨーロッパへ　行った　そうです。

2. (1) これで　問題は　なさそうだ。
   (2) あの　人は　元気そうだ。
   (3) 彼女は　頭が　よさそうだ。

3. (1) Q : サッカーの　メンバーは　みんな　集まりそうですか。
   A : はい、みんな　集まりそうです。
   (2) Q : 運動会の　日の　天気は　どう　なりそうですか。
   A : 天気予報に　よると　晴れる　そうです。
   (3) Q : この　小説の　内容は　どうですか。
   A : パクさんの　話に　よると　おもしろく　ない　そうです。

06 <<

1. (1) ソルロンタンって　何ですか。
   (2) イ・ミジャさんって　だれですか。
   (3) チュソクって　いつですか。
   (4) チュンチョンって　どこですか。

2. (1) はい、買わなくても　いいです。／ いいえ、買わなければ　なりません。
   (2) はい、答えなくても　いいです。／ いいえ、答えなければ　なりません。

(3) はい、来なくても　いいです。　／ いいえ、来なければ　なりません。

3. (1) サービスの　良い　店は　味も　いい。

(2) あちらの　背の　高い　人が　さとうさんです。

4. (1) Q : ノレバンって、何ですか。

A : 歌の　好きな　人が　よく　行く　ところです。

(2) Q : 料金は　いくらぐらい　しますか。

A : 1 時間に　15, 000 ウォンです。

(3) Q : チケットは　買わなくても　いいですか。

A : 無料コンサートですから、チケットは　買わなくても　いいです。

07 <<

1. (1) 春に　なると、暖かく　なります。

(2) 飲み過ぎると、翌日は　二日酔いに　なります。

(3) お金を　入れると、コーヒーが　出ます。

(4) タバコを　やめると、体に　いいです。

2. (1) きれいな　ドレスを　買いたがって　います。

(2) 9時の　ドラマを　見たがって　います。

(3) イさんと　話したがって　います。

3. (1) Q : 飲み過ぎると　必ず　泣き出す　人を　何と　いいますか。

A : 泣き上戸と　言います。

(2) Q : お酒が　入ると　よく　笑う　人を　何と　いいますか。

A : 笑い上戸と　言います。

(3) Q : 普段　お酒を　よく　飲みますか。

A : いいえ、普段は　あまり　飲みません。

08 <<

1. (1) 雨だったら、行かないように　します。

(2) よかったら、たくさん　食べて　ください。

(3) 英語が　下手だったら、話さないで　ください。

(4) キムさんに　会ったら、よろしく　お願いします。

2. (1) どんな　ダイエットを　始めましたか。
(2) 朝は　お水と　コーヒーだけを　飲むように　して　います。
(3) きちんと　食べて、毎日　運動を　続けたら、スリムに　なります。

3. (1) はちみつを　お湯に　溶かして、それだけ　飲むように　して　います。
Q : こんな　ダイエットを　したら、どうなると　思いますか。
A : 体が　弱く　なる　だけだと　思います。
(2) きちんと　食べて、運動を　続けたら、スリムに　なるでしょう。
Q : どうしたら　スリムに　なるでしょうか。
A : きちんと　食べて、運動を　続けたら、スリムに　なると　思います。

09 <<

1. (1) ケーキを　作る　ことが　できます。
(2) 朝　5時に　起きる　ことが　できます。
(3) あした　ここに　来る　ことが　できます。
(4) 簡単に　パソコンを　使う　ことが　できます。

2. (1) この　仕事が　早く　終われば　遊びに　行く。
(2) 天気が　よければ　ピクニックに　行きます。
(3) 寒ければ　ストーブを　使っても　いいです。
(4) 早く　寝れば　早く　起きます。

3. (1) Q : ひろしさんは　今も　パソコンが　だめですか。
A : いいえ、今は　何でも　できる　そうです。
(2) Q : インターネットは　何を　するのに　もってこいですか。
A : 情報を　集めるのに　もってこいだ　そうです。
(4) Q : ノートパソコンと　デスクトップと　どちらが　便利でしょうか。
A : ノートパソコンの　ほうが　便利だ　そうです。

10 <<

1. (1) キムさんなら　私が　よく　知って　います。
(2) 暑いなら　窓を　開けて　ください。
(3) 好きなら　もう　一つ　どうぞ。

(4) 日本語を　習うなら　早い　ほうが　いい。

2. (1) ピザを　食べた　ほうが　いいですよ。／　ピザは　食べない　ほうが　いいですよ。
(2) ここで　待った　ほうが　いいですよ。／　ここで　待たない　ほうが　いいですよ。
(3) 電車に　乗った　ほうが　いいですよ。／　電車に　乗らない　ほうが　いいですよ。
(4) 早く　帰った　ほうが　いいですよ。　／　早く　帰らない　ほうが　いいですよ。

3. (1) ペンが　太くて　書きにくいです。
(2) 仕事も　せずに　遊んで　います。

4. (1) Q : クォンさんは　どうして　顔色が　悪いんですか。
A : 二日酔いで　顔色が　悪いんです。
(2) Q : 頭が　痛い　時は　どうした　ほうが　いいですか。
A : 薬を　飲んだ　ほうが　いいです
(3) Q : 細い　ペンと　太い　ペンと　どちらが　書きやすいですか。
A : 細い　ペンの　ほうが　書きやすいです。

집필진

by_ Study Tech Instititе

본 교재는 (주)시사일본어사가 현장에서 10년간 직접 사용한 책을 개정한 것입니다.

三木寿々恵(みきすずえ) 日本女子大学 졸업

岸本健治(きしもとけんじ) 日本 早稲田大学 졸업

정해란 성신여자대학교 대학원 일어일문학과 졸업

송미혜 日本 東京外国語大学 日本語学科 졸업

주말 황금연휴 일본어 혼자서 끝내기 3

초판인쇄_ 2007년 5월 10일

초판발행_ 2007년 5월 15일

저자_일본어공부기술연구소

펴낸이_엄태상

펴낸곳_ LanguagePLUS

책임편집_ 최춘성 · 이주영

표지 디자인_신영미

등록일자_2000년 8월 17일

등록번호_제 1- 2718호

주소_서울 강남구 삼성동 149- 18

전화_1588 - 1582 팩스_(02) 3671 - 0500

홈페이지_http://www.langpl.com

이메일_tltk@chol.com

ISBN 978-89-5518-513-3 18730

(set) 978-89-5518-510-2 18730

LanguagePLUS 는 (주)시사일본어사의 자회사입니다